Dr. Brigitte Kita

Cha-do

Tee und Zen
der gleiche Weg

Verlag Peter Erd · München

Die Deutsche Bibliothek – CIP-Einheitsaufnahme

Kita, Brigitte:
Cha-do : Tee und Zen – der gleiche Weg / Brigitte Kita. –
München : Erd, 1993
ISBN 3-8138-0299-X

Umschlaggestaltung: Atelier Nittner, München
Fotos und Zeichnungen: Dr. Nobuo Kita
Copyright © Verlag Peter Erd, München 1993
Alle Rechte, auch die des auszugsweisen Nachdrucks,
der Übersetzung und jeglicher Wiedergabe,
vorbehalten.
Fotosatz: Uhl + Massopust, Aalen
Druck und Verarbeitung: Wiener Verlag, Himberg
Printed in Austria
ISBN 3-8138-0299-X

Der Mensch
fühlt im Herbstwind
die ewige Vergänglichkeit,
in lautlos fallenden Blättern
die Einmaligkeit seines Daseins.

T. Hasumi

Inhalt

Vorwort

Der Tee, heute weltbekannt und fast überall getrunken, war im 4. Jahrhundert nach Christus von Hinterindien nach China gekommen und wie vieles von dort nach Japan gebracht worden. Geschätzt wurde am Tee die erfrischende, stimulierende Wirkung, die in Ostasien sogar langes Leben versprach. Auch in den Ländern Europas, wo er erst Ende des 16. Jahrhunderts eingeführt wurde, fand er zunächst als Arzneidroge Verwendung.

Der etwa ein Meter hohe Teestrauch wächst in tropischem und subtropischem Klima, benötigt also Wärme und Feuchtigkeit. Seine Blätter werden entweder fermentiert und ergeben so den bei uns beliebten schwarzen Tee, oder sie werden ohne Fermentation gleich nach dem Pflücken vorsichtig getrocknet. Auf diese Weise wird er als grüner Tee in Japan geschätzt und pulverisiert bei der Teezeremonie verwendet. Ich lernte ihn als O-Cha (»grüner Tee«) vor etwa 25 Jahren in Japan kennen und trinke ihn noch heute zum »Nachmittagskaffee«.

Mein erster Kontakt mit Japan kam zustande, als mich vor vielen Jahren ein Kollege auf ein Büchlein aufmerksam machte, in dem Gedichte und zarte Tuschemalereien von japanischen Künstlern zu finden waren, die mein Interesse erregten. Ich war fasziniert von der Eigenart der Zeichnungen: Ohne eigentliche Perspektive führten sie trotzdem von einem Vordergrund (welcher der Betrachter selbst sein kann) über ein Hauptmotiv zum Hintergrund hin, der meist nur am Bildoberrand angedeutet wird und oft das Jenseits beziehungsweise die jenseitige Welt symbolisch darstellen soll. Ebenso beeindruckte mich an den Bildern die Raumaufteilung, die einen großen Teil der Bildfläche unbearbeitet und frei läßt und manchmal auch nur einen Ausschnitt zeigt. So begann ich, mich intensiver mit japanischer Kunst – oder besser gesagt mit den japanischen Künsten zu beschäftigen.

Allmählich erfaßte ich, daß man darin versucht, das Wesentliche auszudrücken und deshalb vieles einfach nur angedeutet oder weggelassen wird. Besonders deutlich wurde mir dies an Ikebana, der Blumensteckkunst, und an Haiku-Gedichten. Beim Blumenarrangieren will man durch symbolisches Abschneiden unwichtiger Zweige, Blätter oder Blüten die Unwesentlichkeit vieler Dinge zeigen und das eigentliche Wesen der Blumen, das verborgen war, sichtbar machen und eine Schönheit demonstrieren, die uns berührt und vielleicht ein »Dahinter« ahnen läßt. Auch ist das Blumenstellen nicht allein zur Verschönerung eines Zimmers gedacht, sondern als ein Weg, der durch konzentrative Sammlung über das Einswerden mit dem Blumenherzen die Wesensverwandtschaft aller Dinge, allen Seins, offenbart. Der Blumenmeister Bokuyo Takeda meinte dazu, daß ein richtiger Umgang mit Blumen die Persönlichkeit verfeinert. Das Verfeinern bedeutet hier sensibler machen für die Natur und damit für die Einheit allen Lebens. Aber es braucht meist Jahre, um dies zu erreichen.

Auch die Haiku-Gedichte vermeiden Unwesentliches und führen unsere Gedanken von einer gegenwärtigen Stimmung oder Situation hin zu Metaphysischem oder zu einer Gegebenheit, die in einer anderen Zeit oder einer anderen Dimension liegt. Viele Dichter sind gleichzeitig auch Zen-Mönche oder Zen-Mystiker. Der bekannteste dürfte *Matsuo Bashō* (1643–94) sein. Deshalb folgen drei ausgewählte Gedichte von ihm, die das eben Gesagte veranschaulichen sollen, die aber auch einer gewissen Einsamkeit und Melancholie (mono no aware) nicht entbehren:

Alter Teich in Ruh.
Fröschlein hüpft vom Ufersaum
und das Wasser tönt.

Auf einem dürren Ast
sitzt eine Krähe
im Spätherbst.

Sommergras ist alles,
was übrig blieb
von alten Soldatenträumen.

Interessant ist, daß alle altjapanischen Künste mehr oder weniger einen Weg beschreiben, den der Kunstschüler gehen muß, um die erwünschte innere Wandlung zu erleben, die sein Kunstwerk erst vollendet erscheinen läßt. Diese geistige Veränderung erfährt der wirklich Suchende besonders auch durch die Übungen, die der Zen-Weg vorschreibt. Und der Zen-Buddhismus ist es, der den japanischen Künsten erst Tiefe gegeben hat.

Dieses Buch will jedoch keine Abhandlung über Zen-Buddhismus sein, sondern an Hand der Teezeremonie *(Cha no yu)* und des Teeweges *(Cha-do)* das Wesen der japanischen Künste und damit auch das Wesen und Wirken von Zen und seine Möglichkeiten im Lebensalltag aufzeigen.

Durch Teekunst zu positiver Lebensführung

Das Teetrinken ist zwar auf der ganzen Welt verbreitet, die Zubereitung ist jedoch sehr unterschiedlich. Während man in manchen Ländern den Tee aufkocht – oft mit Zusätzen – wird er in anderen gebrüht oder in kochendheißem Wasser geschlagen. Getrunken wird er mit Zucker und Milch oder Sahne, mit Zitrone oder auch Fett oder ohne alles. Man trinkt ihn in Gesellschaft oder allein. Im Vorderen Orient besuchen besonders Männer Teestuben, um Geschäfte abzuschließen, über Politik zu diskutieren oder einfach um auszuruhen. In England traf sich die vornehme Gesellschaft zum Tee. Kleine Kuchenstückchen oder Gebäck wurde dazu gereicht. Man entwickelte Geschmack für besondere Teemischungen und ersann kostbare Teeservice und auch Geräte, um die Teestunde zu einem besonderen Ereignis im Tagesablauf werden zu lassen. Meist wurde und wird der fertige Tee angeboten, manchmal jedoch auch vor den Gästen zubereitet. Wer kennt sie nicht, die anheimelnde Stimmung an einem kalten Wintertag bei summendem Samowar in freudiger Erwartung des duftenden Getränkes! Das Teetrinken und Zubereiten jedoch zu einem Kult zu erheben und eine

13

Lebenskunst daraus zu machen, blieb Japan vorenthalten.

Wenn wir uns über die japanische Teezeremonie informieren wollen und im Brockhaus nachlesen, so finden wir, daß sie das in Japan mit dem Zen-Buddhismus aufgekommene Zeremoniell ist, »nach dem in feierlicher Zusammenkunft Tee zubereitet und getrunken wird. Teeraum und Teegerät sind von erlesener Einfachheit. Die in früheren Zeiten besonders beim Ritterstand verbreitete Zeremonie ist von bekannten Teemeistern entwickelt und vervollkommnet worden und soll meditative Sammlung und Entspannung vom Alltag bewirken und übte einen starken Einfluß auf Lebensstil und Geistesart der Japaner aus.« So steht es noch im Jahre 1960 geschrieben. Aber was könnte uns heute daran interessieren?

Horst Hammitzsch, ehemaliger Professor für Japanologie an der Ludwig-Maximilian-Universität in München beschäftigte sich etwa zur gleichen Zeit mit der geistigen Seite des Teezubereitens und -trinkens in Japan. Für ihn ist der »Weg des Tees« (Cha-do) nicht der Weg der großen Masse. »...es ist der Weg einiger weniger Geweihter. Er ist die sichtbar unsichtbarste Form japanischer Geistigkeit, der Herzschlag japanischer Kunst. Schaffender, Künstler ist der Mensch. Natur und Mensch verschmelzen zu einem untrennbaren, unbenennbaren Ganzen. Das Vergängliche zurücklassen, am Ewigen teilhaben, das ist Cha-do. Teegerät, Teeraum und der Garten mit dem zum Teeraum führenden Pfad haben die hohe Aufgabe, die Sinne der Teilnehmenden zu verfeinern, zu steigern, empfänglich zu machen für das Dahinschwindende.« Und damit hat Professor Hammitzsch das subtile Wesen der Teekunst wirklich erfaßt.

Doch ist in unserer derzeitig ganz vom Materialismus geprägten Welt und Lebensauffassung noch Platz für eine solche Geisteshaltung? Eigentlich steht unser gesamter Lebensalltag im Widerspruch zu den Grundprinzipien der Teezeremonie, die sich vor allem in Harmonie, Ehrfurcht, Reinheit und Stille zeigen. Oder bahnt sich doch auch in geistiger Richtung schon eine Änderung an, die einen Umbruch sämtlicher gesellschaftlichen, politischen, wirtschaftlichen und nationalen Strukturen anzeigt und die jetzigen Unruhen, Gewalttaten, kriegerischen Auseinandersetzungen (ehemaliges Jugoslawien, Südafrika, Somalia, Afghanistan, Georgien etc.), Demonstrationen, steigende Unzufriedenheit, Pessimismus, Drogenabhängigkeit als Flucht vor der Wirklichkeit, Kriminalität und was der negativen Dinge mehr sind, als Anzeichen und Wegbereiter nötig hat?

Vielleicht sollten wir gerade in dieser Umbruchstimmung uns auf wirklich Wesentliches besinnen und wenigstens in uns selbst und unserer nächsten Umgebung eine Oase der Ruhe und Besinnlichkeit schaffen und auch wieder wirkliche Schönheit erkennen lernen. Wirkliche Schönheit ist nämlich eine der Ausdrucksformen des pulsierenden kosmischen Grundge-

15

dankens. Wenn wir uns nur die von den Medien hochgepriesenen publikums- und verkaufswirksamen Firmenmarken und Werke von nur bestimmten »aktuellen« Künstlern, Schriftstellern, Filmemachern und so weiter vorsetzen lassen und eine solche Manipulation auch noch bejahen, um »in« zu sein, vergeben wir die Möglichkeit, unsere eigene Entscheidung zu treffen und unseren eigenen Schönheitssinn zu entwickeln. Oft ist die Kunst ihrer Zeit voraus. Sie sollte das zeitgemäße Leben darstellen, nicht Zukünftiges, Supermodernes und auch nicht nur eine Wiederholung von schon Dagewesenem, sonst wird sie nicht entsprechend geschätzt. Wenn wir die Gegenwart betrachten, so hat sie das »Sollen« erfüllt. Denn unsere heutige Kunst spiegelt tatsächlich die Unruhe und Wirren unserer Zeit wider!

Doch können uns Kunst und Ästhetik, Verinnerlichung und Empfindsamkeit froher machen, zu mehr Lebensfreude führen oder gar eine positive Geisteshaltung in der Lebensbewältigung bewirken? Sicherlich könnten wir alle heutzutage Ruhe und Entspannung vom Alltagsstreß gebrauchen. Wo aber finden wir sie? Vielen Menschen mag Musik, ein gutes Buch, ein Gemälde, ein Gespräch in angenehmer Gesellschaft, ein Gedicht oder auch ein Gebet Freude und Erholung bringen. Auch die seit Jahren hierzulande angebotenen Übungen – sei es Autogenes Training, progressive Muskelrelaxation, Yoga, Meditation und so weiter – versprechen Besserung der zunehmenden psychosomatischen Beschwerden und Bewältigung des Alltags und werden deshalb gern angenommen. Andere Menschen versuchen angestauten Frust und Streß durch Auto- oder Motorradraserei abzubauen oder im Alkohol Vergessen zu finden. Ein jeder auf seine Art! Wie wäre es, über den Weg der Ästhetik und Verinnerlichung sich eine wohltuende Atmosphäre zu schaffen, die Lebensfreude und heitere Gelassenheit ausstrahlt?

Es mag Suchende geben, denen eine der japanischen Künste dazu verhelfen kann. Wir wollen uns einmal die Teekunst in der Teezeremonie etwas genauer ansehen mit ihrer unser Leben bereichernden Ästhetik, einer Ästhetik, die während des Teetrinkens Lebenskunst vermitteln kann.

Japanische Künste als Weg geistiger Entwicklung

Über japanische Künste zu sprechen, ist nicht so ganz einfach, da sich in ihnen nicht nur Kunstfertigkeit zeigt, sondern da mit ihnen innere und äußere Harmonie ausgedrückt wird, womit gleichzeitig die Prinzipien des Kosmos wiedergegeben werden.

Die Künste wollen also nicht nur unser Auge erfreuen und die Meisterschaft des Künstlers hervorheben, sondern hinter dem Sichtbaren das Unsichtbare erfassen lassen. Im Betrachter und auch im Ausführenden soll der Sinn für Metaphysisches geweckt werden und allmählich eine innere Wandlung bewirken.

Alle japanischen Künste wie Pinselmalerei, Blumenstecken, Dichtung, Teezeremonie, Bogenschießen, Schwertkunst und Judo setzen zwar die vollkommene Beherrschung der Technik voraus – sie zu erreichen kann Jahre, manchmal ein Leben lang dauern –, aber damit ist noch lange keine Vollendung, ist noch nicht das Ziel erreicht. Wie bereits angedeutet, muß sich im Kunstschüler eine Veränderung, eine geistige Entwicklung vollziehen, die durch das geschaffene Werk oder das Ausüben der entsprechenden Kunst die seelische Entfaltung des Betreffenden anzeigt, die wiederum die Harmonie der menschlichen Seele mit dem großen Ganzen dieser Welt ausstrahlt und die ihre Kraft aus dem Nichterklärbaren, Unnennbaren, Nichtbegrifflichen, Unsichtbaren, aus dem »Nichts« bekommt.

»Kunst ist die Formensprache der menschlichen Seele«, meinte dazu ein Japaner[1]. Auch er beschrieb speziell die japanische Kunst als einen Weg *(do)* geistiger Entwicklung, bei dem die Harmonie zwischen Seele und Kosmos deutlich wird. Nach seinen Ausführungen zeigt nicht die Form eines Kunstwerkes (oder die Art der Ausführung), sondern das Ausstrahlen menschlicher Seelenkraft künstlerische Vollendung an. Suzuki Daisetsu ist ähnlicher Ansicht; denn er meint, daß bei jedem künstlerischen Bemühen der Augenblick kommt, in dem man sich der beiden Aspekte der Kunst, des metaphysischen und des praktischen, bewußt wird. Eine Meisterschaft in der Technik allein würde jedoch nicht befriedigen, da man in der Tiefe seines Bewußtseins fühle, daß dort noch etwas mehr zu erreichen sei.

Allerdings hat sich auch im Japan von heute – wie in den meisten Ländern unserer Erde – seither vieles geändert. Von der zunehmenden Industrialisierung und Technisierung sind ebenfalls das Familienleben und damit die gesamte Gesellschaft und ihre geistige Grundhaltung betroffen. Zwar spürt man noch welche Rolle die Lehre von Zen und auch der Teeweg in der Lebensauffassung und Etikette des einzelnen spielen, denn noch erlernen weibliche Teenager Blumenstekken (Ikebana) und Teezubereiten (Chanoyu), doch nehmen dabei Teeweg (Cha-do) und Blumenweg (Kado) offensichtlich nicht den wichtigsten Platz ein. Es scheinen vielmehr das Traditionsbewußtsein und die Hoffnung auf eine gute Heiratsmöglichkeit zu sein, die im Vordergrund stehen. Auch die Sitte vieler japanischer Firmen, ihre Angestellten zeitweise zu Zazen-Meditationen zu schicken – als Positivum für beide Seiten, dürfte fast in Vergessenheit geraten sein.

Eidō Tai Shimano, der Abt des Dai-Bosatsu-Zendō-Kongō-ji Klosters im Staate New York und des Zendō-Shōbō-ji in Manhattan, ist sogar der Ansicht, daß ein Wechsel beziehungsweise Austausch zwischen den östlichen und westlichen Ländern stattgefunden hat. Der Zen-Buddhismus verbreite sich allmählich im Westen, dafür hätte sich der westliche Materialismus nach Osten hin verlagert, wo er quasi explodiert sei. Er hält Japan zur Zeit (laut *Neue Züricher Zeitung* vom März 1991) für eines der materialistischsten Länder der Welt.

Und tatsächlich sieht es so aus, als ob der Wunsch nach Stille und Eindringen in das Wesen des Göttlichen, der Ewigkeit, der All-Einheit mit Hilfe von Meditation und ernste Beschäftigung mit den Grundgedanken von Zen heute einen Weg in umgekehrter Richtung gehen. Denn besonders in den Ländern der westlichen Hemisphäre besteht seit den sechziger und siebziger Jahren ein zunehmendes Interesse, sich bei der progressiven High-Tech-Entwicklung und wachsenden Gefühlskälte einen Ort der Geborgenheit und »Mitte« zu schaffen, um nicht in dem viele Bereiche unseres Lebens beherrschenden Materialismus unterzugehen. Und dabei sieht oder sucht man in den östlichen Meditationspraktiken für sich eine Hilfe, und auch den verschiedenen Künsten wird vermehrt Aufmerksamkeit geschenkt.

Aber die bisherigen Ausführungen zeigen sicherlich schon an, daß es gar nicht so einfach ist, jene Praktiken zu übernehmen oder gar die aufgezeigten Wege zu gehen. Es gilt nämlich zunächst, viele Regeln und technische Äußerlichkeiten zu erlernen, die Geduld und Ausdauer und in gewisser Weise auch eine Bereitschaft zur Einstellung auf die so anders geartete östliche beziehungsweise asiatische Art erfordern. Obwohl zum Beispiel sowohl in der Teezeremonie als auch in der Malerei die einzelnen Schritte und Handhabungen so angeordnet sind, daß sich jeweils aus dem erreichten Stadium das nächste ergibt, ist auch das für den ungeübten Europäer schwierig, da er meist weder mit Pinsel und Tusche noch mit japanischen Utensilien gewohnt ist, umzugehen. Auch versuchen wir Westler immer unser »eigenes« Kunstwerk zu schaffen und fühlen uns durch die Belehrungen beziehungsweise durch das ständige Nachahmen der Vorgaben des Meisters in unserem »Schaffensdrang und Eigeninitiative« eingeschränkt. Aber genau das ist gewollt. Ein Kunstschüler muß so lange die überlieferten Richtlinien üben, das heißt den Meister nachahmen, bis er die Technik in- und auswendig kennt, sie damit absolviert hat, um dann den Schritt zur eigenen Richtung zu tun und wirklich kreativ zu sein. Erst das Bezwingen der Ichhaftigkeit und das tatsächliche Eindringen und Beherrschen des Formellen ermöglicht eine geistige Weiterentwicklung und Reifung. Das aber ist erfahrungsgemäß ein langer Weg. Und der Wege sind viele.

Es gibt *Cha-do* den Teeweg, *Ka-do* den Blumenweg, *Sho-do* den Weg des Schreibens (Kalligraphie), *Kyu-do* den Weg des Bogenschießens, *Zen-do* den Weg der Zen-Lehre, *Ken-do* den Weg des Schwertes, des Fechtens, *Ju-do* den Weg des Ringens, *Bushi-do* den Weg des Ritters und Kriegers, *Aiki-do* den Weg des kraftvollen Kämpfens oder überhaupt *Gei-do* den Weg der Künste. Aber was bedeutet »Weg«? Eine Straße, die irgendwohin führt? Aber wohin?

Mehr oder weniger beschreiben diese Wege eine Geisteshaltung, eine Lebensphilosophie, die wir in allen Situationen unseres Lebens beherzigen sollen. Sie zeigen einen Lebensweg, der echten Zen-Geist atmet. So ist es auch völlig egal, welche Kunstrichtung man wählt. *Zen* ist die Basis von allen. Seine Prinzipien sind auf allen diesen Wegen zu spüren.

Wenn man sich also entschließt, eine dieser Künste zu erlernen, so muß man sich zunächst voller Vertrauen in die Hände eines entsprechenden Meisters begeben. Diesem gelingt es durch strenges Festhalten an der Tradition, den Schüler so weit zu bringen, daß er, wie gesagt, das Technische dieser Richtung sicher beherrscht. Ohne viele Worte gibt der Meister Anweisungen, und der Lernende versucht es ihm recht zu machen, genau seine Wünsche zu befolgen, auch wenn es ihm vielleicht manchmal nicht so ganz paßt. Und irgendwann ist ihm die Handhabung so vertraut, daß er sie vergessen kann. Erst dann vermag er das darzustellen, was er im Innersten fühlt.

Das trifft auch für den Teeweg zu, der nicht nur eine Beherrschung der Form und der Handhabung der Teegeräte beinhaltet, sondern eine allmähliche Wandlung bewirkt und letztendlich eine Lebens- und Geisteshaltung zeigt, die auf der Erkenntnis der Wahrheit, der Wesentlichkeit beruht. Sein Sinn ist also nicht darin zu sehen, daß man sich beispielsweise kostbare und passende Teegeräte aussucht, auf Harmonie bedacht ist und die Zeremonie »gekonnt« ausübt, sondern sich so in die Handhabung zu versenken, daß alles andere daneben wertlos, unwesentlich wird, daß unser Herz nicht an anderen Dingen haftet, daß wir uns frei machen von der Flüchtigkeit und Vergänglichkeit der uns umgebenden und uns meist einschränkenden und belastenden alltäglichen Situationen, Gegebenheiten – auch Besitztümer, die uns immer in Atem halten und uns stören. Eine solche Versenkung ist gleichzusetzen mit einer religiösen Übung, mit Meditation.

Ein in Japan bekannter Spruch lautet deshalb im Hinblick auf die Malkunst:

Zehn Jahre lang Bambus malen
selbst zum Bambus werden
dann Bambus vergessen
und – malen.

Auch hier ist Versenkung gemeint, Versenkung auf dem Weg des Malens, Verinnerlichung und Einswerden mit dem Herzen (Seele, Geist) einer Pflanze, deren Wesensart man erst dann darzustellen vermag.

Aus dem bisher Gesagten lassen sich die japanischen Künste nicht nur als ästhetische Ausdrucksformen verstehen. Sie geben eine innere Haltung, Lebensauffassung und Weltanschauung wieder, wie sie auf diese Weise kaum bei einem anderen Volk zu finden ist. Diese Lebens- oder Glaubenshaltung wird erst durch die »Religiosität« der Japaner verständlich, da sie in enger Beziehung zum täglichen Leben steht und auch die Künste stark beeinflußt beziehungsweise die allen gemeinsame Basis geschaffen hat.

Der Buddhismus und sein Einfluß auf die Geisteshaltung der Japaner

Am bedeutendsten hat sich der Buddhismus ausgewirkt, der im 6. Jahrhundert in Japan eingeführt wurde und fast eineinhalb Jahrtausende das geistige Leben bestimmte. Die Mahayana-Form des japanischen Buddhismus hat sich zwar von der pessimistisch-negativen Haltung des ursprünglich indischen Buddhismus (Hinayana) abgewendet, aber nie die optimistisch-positiv stimmende, mehr dem Diesseits zuneigende des rein japanischen Shintoismus erreicht oder erreichen wollen. Nach vielen Macht- und Glaubenskämpfen prägte sie jedoch sowohl mit dem Shintoismus (Kaiser-, Ahnen- und Naturkult) als auch mit den von China kommenden konfuzianischen strengen Moral- und Ordnungsprinzipien das japanische Gesellschaftsleben. Sie formte eine Geisteshaltung, die vielleicht derzeit weniger deutlich, aber dennoch vorhanden ist.

Von allen buddhistischen Richtungen haben Jodo-Shin-shu und Nichiren-shu wohl die meisten Gläubigen, Shingon-, Jodo- und vor allem Zen-shu jedoch die größte Bedeutung erlangt. Der Zen-Buddhismus ist es auch, der die altjapanischen Künste stark beeinflußte und bereicherte. Er ist eine Lehre, die durch Zazen-

Meditationsübungen über eine Verinnerlichung und Kontrolle der Atmung zunächst die Einheit von Körper, Geist und Seele, aber auch das Eingebundensein des Menschen in das allumfassende Sein erkennen läßt. Nicht verstandesmäßig rational, sondern urplötzlich und intuitiv erfolgt das Erfassen.

Diese Erfahrung des Eindringens in die tiefen Bereiche des eigenen Selbst wird auch als Wesensschau bezeichnet und soll das gesamte Sein in unserem Selbst erblicken lassen. Aus der Sicht der All-Einheit erwachsen dann Ruhe, Gelassenheit und tiefe innere Freude. Deshalb ist es nicht verwunderlich, daß gerade die Kaste der Ritter und Samurai in dieser Gelassenheit auch eine Gleichmütigkeit dem Sterben gegenüber sah, die die Grenze zwischen Leben und Tod verwischt oder auslöscht, was ja ebenso bewirkt werden soll.

Das heißt nun aber nicht, daß der Zen-Buddhismus das Sterben als ehrenvoll verherrlichen würde oder gar zum Pessimismus neigt und weltfeindlich eingestellt ist. Nein, gerade das Gegenteil ist der Fall. Er will zur Lebenstüchtigkeit und Lebensbewältigung erziehen durch die bereits angeführte Geisteshaltung. Und das machte ihn zum Vorbild der ritterlichen Samurai, deren Grundhaltung er wurde. Denn sie fühlten sich angesprochen von der im Zen praktizierten strengen Zucht und Ordnung, von Pünktlichkeit und Sauberkeit, vom Ertragen von Hitze und Kälte, von der Beherrschung des Körpers und seiner Sinne und der dazu vorausgehenden Meditation, in der das Einssein aller

Lebensformen erkannt werden kann. Damit lassen sich auch Schicksalsschläge gelassener ertragen.

Da jedoch Zen weder theologische Dogmen besitzt noch mit philosophischen Analysen rational zu erklären ist, kann eigentlich nur die Selbsterfahrung sein Wesen aufdecken. Aus diesem Grund versuchen die verschiedenen Kunstrichtungen, ihren Schülern durch vorgeschriebene Übungen ein Verständnis für die zenbuddhistische Geisteshaltung zu vermitteln.

Wenn wir einmal in der Geschichte Japans zurückblättern, so sehen wir, daß im 16. Jahrhundert im ganzen Land Bürgerkriege und Machtkämpfe stattfanden, die überall Unruhe und Unsicherheit verbreiteten. Deshalb wuchs im Volk das Bedürfnis nach Ruhe und Entspannung, nach geistiger Stabilität. So kam es, daß vor allem die Jodo-Sekte des Buddhismus immer mehr Anhänger verzeichnen konnte. Sie ging von der Gnadenhaftigkeit Buddhas aus und versprach jedem Gläubigen schon durch Anrufung und Aussprechen seines Namens (Namu Amida Butsu) Hilfe in allen Nöten. In dieser Zeit beschäftigte man sich ausgiebig mit Amidas Paradies, wo herrliche Gebäude und schöne Gärten mit Teichen, auf denen immerwährend Lotosblumen blühen und himmlische Musik erklingt, die Gläubigen erwartet und Paradieses Wonnen ahnen läßt. Diesem Wunsch nach beinahe welt- und leidvergessendem Geisteszustand kamen auch die Künste entgegen, und das führte wiederum zu ihrer weiteren Entwicklung und Vervollkommnung.

29

Demzufolge wurde auch die Sitte des Teezubereitens und Teetrinkens verfeinert und Sen no Rikyū
(1521–1591) legte damals schon die Grundformen für
Chanoyu, die Teezeremonie, fest.

Tee und Zen, der gleiche Weg

Die Sitte des Teetrinkens war etwa im 8. Jahrhundert nach Japan gekommen, obwohl sie in China schon lange bekannt, aber dort auch erst in der Tang-Zeit (618–906) wirklich geschätzt wurde.

In dieser Zeit formte man aus gedämpften und zerstoßenen Teeblättern feste Stücke und schnitt vor der Teezubereitung entsprechende Teile davon ab, die mit Gewürzen gekocht wurden.

In der chinesischen Sung-Zeit (960–1279) wurden die Teeblätter getrocknet und anschließend pulverisiert und ergaben so den Pulvertee, der etwa Anfang des 13. Jahrhunderts in Japan bekannt und später in der Teezeremonie verwendet wurde. Es war im 12. und 13. Jahrhundert, daß erneut viele japanische Gelehrte, Mönche und Künstler nach China reisten und ihre dortigen Erfahrungen mit nach Hause brachten. Unter ihnen befand sich ein buddhistischer Mönch namens Eisai (1141–1215), der Teesamen mit nach Japan nahm und dort Pflanzungen anlegte. Er hatte in China sowohl den Pulvertee kennengelernt als auch Zen-Studien betrieben. So gelang es ihm, das Teetrinken in japanischen Klöstern zu verbreiten, zumal man erkannte, daß der Tee die Konzentrationsfähigkeit

31

stärkte und auch Müdigkeit während der Meditation vermeiden half.

Man vermutet, daß bereits in jenen Tagen in den Klöstern eine Zeremonie entwickelt wurde, um vor dem Bildnis Bodhidharmas (1. Zen-Patriarch in China) zu Ehren Buddhas Tee zu trinken. Daneben schätzte man das neue Getränk als Medizin für langes Leben. Aber während das Teetrinken in den meisten Provinzen Chinas hauptsächlich einem ästhetischen Zeitvertreib glich, erhielt es in Japan – vielleicht nach Vorbild der südlichen Zen-Schulen Chinas – noch einen spirituellen Aspekt. Dadurch wurde es zu einer wirklichen Kunst, die nicht nur Verfeinerung mit sich brachte, sondern zur Meisterschaft im Lebensalltag führen wollte. Damit war das Teetrinken zur Lebenskunst geworden.

Es waren Zen-Mönche, die den Tee nach Japan brachten, ihn allerdings zunächst nur in die klösterlichen Gepflogenheiten integrieren konnten, von wo er aber im Laufe der Jahrhunderte dann die Mauern der Klöster überwand. So ist es nicht verwunderlich, wenn sowohl die Form des Teezeremoniells als auch die Prinzipien des Teeweges Zen-Geist ausstrahlen. Das hat sogar zu dem geflügelten Wort »Cha zen ichi do« geführt, was soviel heißt wie: *Tee und Zen haben den gleichen Weg.*

Ein Teemeister des 16./17. Jahrhunderts – gemeint ist der berühmte Kobori Enshū (1579–1647) – geht sogar so weit, daß für ihn außer dem Weg des Tees kein anderer Weg existiert. Denn wer das richtige Ausüben der Technik beherrscht, sei es nun das Schlagen des Tees mit dem Chasen oder die Art des Ergreifens der übrigen Utensilien und die notwendige und vorgeschriebene Handlungsfolge mit wirklicher Hingabe, mit einem Herzen, das nur auf die derzeitige Handlung konzentriert ist und daneben keine anderen Gedanken hegt, der praktiziert reinstes Zen »Hier im Jetzt«! Ein Sichversenken in die Teezubereitung gleicht dann einer Herzensübung, einer Hinwendung nach innen, die die Handlung verstärkt oder überhaupt erst ermöglicht. Sich nur der äußeren Form hinzugeben und sich nur an vergängliche Schönheit zu verlieren, ist weder der Sinn von Zen-shu noch vom Weg des Tees. Trotzdem schließt der Teeweg wahre Schönheit ein, die auch der Zen-Lehre nicht widerspricht. Auf beiden Wegen, der tatsächlich nur ein einziger ist, hat die Freude über die »Harmonie von Himmel und Erde« Wesentlichkeit, und ihr Bewußtwerden, das Erfassen der Einheit allen Lebens, der All-Einheit, ist Sinn und letzte Erkenntnis.

Aber schwierig ist der Weg bis zur veränderten notwendigen Geisteshaltung. Unser Wille, unser Wollen sind die mächtigen Beherrscher, die den Weg blockieren. Erst ein Sichaufgeben und Hingeben an die praktischen Übungen eines Weges ermöglichen den geistigen Wandel, der auch bei der Ausübung der Teezeremonie in ihrer wahren Form ganz unvermittelt erfolgen kann. Wie erkennt man die wahre Form? Rikyū, der wahrhaft große Teemeister, meint, man solle sich bewußt machen, daß die Wesentlichkeit des Teeweges darin bestehe, Wasser kochen zu lassen, Tee zu schlagen und ihn zu trinken.

Diese simplen, nüchternen Worte zeigen jedoch schon einen im Zen-Kloster geschulten Geist, der immer wieder den Weg des Tees durchleuchtet, jene Begriffe wie Harmonie, Ehrfurcht, Reinheit und Stille betont und eine Empfindsamkeit aufweist, die man nur mit *Wabi* und *Sabi* beschreiben kann. Zwar kultivieren die Verehrer der Teezeremonie auch das Wahrnehmen der feinen und zarten Schönheit in Kunst und Natur, aber zusätzlich wird das unsichtbar Vorhandene deutlich, indem es unser Herz rührt. Daß man sich dabei der Ruhe, der inneren Stille und Schönheit erfreuen kann und Hader und Zwistigkeiten im anstrengenden Leben draußen vergißt, ist eine andere positive Seite.

Zudem atmet alles wohltuende Sauberkeit, Ordnung, Frische und Einfachheit. Wenn man sich dieser Atmosphäre hingibt, kommen einem unbedingt die erwähnten Wabi und Sabi in den Sinn, und sie sind tatsächlich die Grundprinzipien der Teekunst, wobei man besonders mit *Wabi* ihre wirkliche spirituelle Seite ausdrükken kann. Wabi bedeutet nämlich Schlichtheit, ländliche Einfachheit, fast Armut, Bescheidenheit, Ruhe, anmutige Schönheit im Sinne von Ästhetik und tiefe innere Freude und beschreibt kurz zusammengefaßt eine ruhige, einfache, klare und heitere Stimmung.

Diese Eigenschaften eines möglichen geistigen Zustandes werden hervorgerufen durch eine Harmonie der Umgebung, des Raumes, der teilnehmenden Gäste. Eine Harmonie in Form und Farben, eine Harmonie in Bewegung und Wortwahl, eine Harmonie im Zusammenspiel sämtlicher fünf Sinne: Mit den Augen nimmt man das feierliche Schreiten und die rituellen Handbewegungen des Teemeisters wahr, auch die schlichte Schönheit seines ausgewählten Kimonos. Man sieht die einsame, der Jahreszeit entsprechende Blüte oder das Rollbild in der *Tokonoma* (Wandnische) und die kunstvoll gestalteten, kostbaren Tee-Utensilien. Die klaren Linien im Teeraum selbst betonen Ordnung und ungetrübte Sicht.

Das schlürfende Geräusch der *Tabi* (weißer, Zweizehensocken) auf den sauberen *Tatami* (Strohmatten) und der eigenartige Klang, den der Metalldeckel des eisernen Wasserkessels von sich gibt, wenn man ihn über dessen Einfüllöffnung streift, erfreuen das Ohr, und das Klatschen des roten *Fukusa* (seidenes Teetuch) ermuntert zur wachsamen Aufmerksamkeit. Der Duft der Strohmatten mischt sich mit dem des grünen, schaumig geschlagenen Pulvertees, der außerdem unsere Geschmacksnerven erregt. Selbst das Tasten und Fühlen kommen nicht zu kurz. Denn ein Gast nach dem anderen nimmt die Teeschale in die Hand, um den Tee herauszuschlürfen. Am Ende der Zeremonie ist es Sitte, bestimmte Teegeräte nochmals hochzunehmen und gebührend zu bewundern.

Neben der Harmonie gehört auch Sauberkeit zu

Wabi. Sie beinhaltet sowohl Sauberkeit des Raumes, des Geistes als auch der Welt um uns. Es ist eine Reinheit von außen und innen und zeigt so erneut die erwünschte Harmonie.

Die erwähnte Bescheidenheit äußert sich im Respekt vor dem Gast sowie gegenüber sich selbst und gegenüber der Natur, wie Frau Chiyo (Kaga no Chiyo, 1701–1775) in ihrem Gedicht so anschaulich schildert:

Am Born die Winde
soll nicht mein Eimer pressen.
Ich schöpf beim Nachbarn.

Mit Ruhe ist eine innere Stille, Zufriedenheit und Freude gemeint, die sich schon während der Teezeremonie einstellen können, besonders wenn man selbst das Ritual ausübt. Das Teebereiten und -anbieten erinnert in der Tat an feierliche Zeremonien und kirchliche Praktiken. Denn in den Gesten und rituellen Bewegungen kommt auch ein Darreichen, ein Geben und Danksagen an das Göttliche zum Ausdruck.

Auch *Sabi* wird oft im Zusammenhang mit Wabi genannt. Es drückt ebenfalls Ruhe, Stille, Schlichtheit und Armut aus, hat aber noch einen besonderen Anflug von Einsamkeit. Es ist eine wehmütige Einsamkeit, in der unser Selbst das Absolute, den Ursprung, die Quelle allen Seins berührt.

Vielleicht kann man diese Seite von Sabi verständlicher machen mit noch zwei weiteren Stimmungen, die in vielen japanischen Künsten, vor allem in der Litera-

36

tur, zu finden sind. Es ist dies zum einen das *mono no aware*, das eigentlich die Grundstimmung der japanischen Romantik ist und das in dem vergänglichen Leben die Idee des Unvergänglichen und in der Schönheit und ästhetischen Atmosphäre die Vergänglichkeit sieht und trotz Lebenslust und Freude sich nach dem Urgrund, nach dem Ewigen sehnt. Es gibt sie tatsächlich, die Schönheit, die weh tut. Schon in japanischen Gärten und Parkanlagen kann man dieses Gefühl plötzlich bekommen, das Erfassen der Unbeständigkeit und des Wandels. Aus diesem melodramatischen Gefühl entwickelte sich später *Yugen*, das noch mehr nach Tiefe sucht und nicht nur Äußerlichkeit und vergängliche Schönheit in gegenwärtiger Form sieht, sondern in das Unsichtbare, Verborgene eindringen will. Fujiwara no Toshinaris (1114–1204) Gedicht kann besser als Prosa ausdrücken, worum es bei Yugen geht und was eigentlich damit gemeint ist.

> *Abendstunde.*
> *Herbstwind vom Felde*
> *dringt tief in mein Herz*
> *und Wachteln nah und fern*
> *im Dickicht des Fukagusa.*

Diese beiden zuletzt beschriebenen Aspekte sind auch Wesensbestandteil der Teezeremonie. Von japanischer Seite sieht man nämlich in ihr ... *nicht nur einen Augenblick der Ruhe in den Verrichtungen des täglichen Lebens; ... sie war bald gleichbedeutend mit ästheti-*

schem Genuß, mit einem einsamen und zugleich von sanfter Traurigkeit überschatteten Leben, dessen äußerer Aspekt ländlich (das heißt einfach) ist.[2]

Dieser ländliche Aspekt ist jedoch erst nach intensiver künstlerischer Überlegung entstanden und drückt eine »kultivierte Armut« aus. Als Vorbild diente die einfache Klarheit der Zen-Klöster, die sich von der klassischen Bauweise prächtiger und mit zahlreichen Ornamenten geschmückter Bauwerke und mächtiger Tempelkomplexe wesentlich unterscheiden. Schönheit wird nun als Verkörperung des Absoluten gesehen und ein Kunstwerk somit als Ausdruck des kreativen Geistes. Selbst das Betrachten eines Werkes gilt als künstlerische Betätigung, die vom Betrachter gefordert wird, um das Wesen, die ästhetische Basis der All-Einheit mitzuempfinden. Auch die Vorstellung des Zen-Buddhismus, daß der Mikrokosmos nach den gleichen Regeln geleitet wird wie der Makrokosmos, daß es keinen Unterschied gibt zwischen der kleinsten Lebensform und dem Großen, Allumfassenden, daß das Irdische, Körperliche ebenfalls Daseinsberechtigung hat und damit auch die geringsten und kleinsten Dinge unseres Lebens – als Teil des Großen – wichtig sind, beeinflußte alle japanischen Künste und eben auch die Teezeremonie.

In den Klöstern bekam jeder Mönch und jede Nonne eine bestimmte Arbeit übertragen wie putzen, Garten fegen, betteln gehen und so weiter. Diese Arbeit mußte mit Sorgfalt und Bemühen ausgeführt werden, um die

Notwendigkeit und Wichtigkeit der täglichen Beschäftigung in der großen Lebensgemeinschaft aufzuzeigen. Auch dieser Einfluß ist deutlich zu spüren, wenn man eine der vielen Künste »technisch« zu erlernen beabsichtigt. Es wird Wert gelegt auf die kleinste Kleinigkeit, die niemals achtlos gehandhabt wird oder gar unbeachtet bleibt.

Aber der Aufnahmebereitschaft und dem Wahrnehmungsvermögen des Menschen sind Grenzen gesetzt durch Tradition, Erziehung, Ausbildung und Herkunft. Ein Mensch kann nur das sehen und verstehen, zu dem er bereit und fähig ist und das seinem eigenen Wesen entspricht. So wird sicher auch die Zahl derer begrenzt bleiben, die in der Teekunst die Schönheit des Alls zu erfassen vermögen.

Roji, der Gartenpfad

Obwohl in vielen japanischen Tempelgärten die Hand und die Kunst von Kobori Enshū zu spüren ist, war es vorher wieder einmal Rikyū, dem besonderes die Gestaltung des Teegartens, des Gartenpfades, am Herzen lag. Hier zeigt sich erneut sein feines Empfinden, sein Einssein mit der Natur. Denn der Pfad soll ja nicht nur ein Weg zum Teehaus sein, sondern uns für das Ritual einstimmen. Deshalb muß schon hier draußen die Harmonie erfaßbar sein, die über allem liegt, die alles eint. Dann vermag auch die Schönheit des Teegartens, des *Roji*, Herz und Sinn zu bewegen und in den erwünschten Gleichklang mit dem Kosmos zu versetzen.

Lassen Sie uns nun einmal den Versuch wagen, in Gedanken diesen Pfad entlang zu gehen, der die Außenwelt vom Teeraum trennt. Alles ist hier sorgfältig ausgewählt und vermittelt wirklich ein Gefühl von tiefer Schönheit und beglückender Harmonie. Bei den vorwiegend immergrünen Büschen und Bäumen herrscht ein dunkles Grün vor. Die ruhigen Farbtöne und das leichte Dämmerlicht in ihrem Schatten bewirken eine Beruhigung unseres Gemütes. Ihr künstlich-künstlerisch erzwungener Wuchs ist aussagekräftig und betont das Wesentliche einer jeden Pflanze ohne ein schmerzhaftes Zwingen merken zu lassen. Langsam und ohne Hast schreitet man auf den abgerundeten, unregelmäßigen Trittsteinen dahin. Hektik und Unruhe verschwinden. Vorbei an Steinlaternen *(toro)* führt uns der Weg zu einem simplen, steinernen Brunnen *(tsukubai)*, der aus einem Bambusrohr gespeist wird. Mit der dort liegenden hölzernen Schöpfkelle nehmen wir das klare Wasser auf, reinigen Mund und Hände und entfernen damit den »weltlichen Schmutz«, ungute Gedanken und alles, was die Sauberkeit und Lauterkeit der Zeremonie stören könnte.

Sicher sind die Stimmungen und Gefühle der Menschen beim Gang durch den Teegarten verschieden. Aber eines dürfte bei allen bewirkt werden, nämlich ein Abstandnehmen von der Außenwelt. Und damit ist der Sinn des Gartenpfades erfüllt. Vielleicht macht er außerdem einen Teil des Weges *(do)* sichtbar und erfaßbar, der eigentlich unsichtbar ist. Ähnliche Gedanken bewegten sicherlich auch Meister Rikyū, als er folgendes Gedicht niederschrieb:

> *Roji wa tada*
> *ukiyo no hoka no*
> *michi naru ni*
> *kokoro no chiriwo*
> *nado chirazuran*

Damit meint er, daß wir alles Unlautere, Ungute zurücklassen sollen und uns hingeben an die Schönheit und Aussagekraft der Natur. Schon im Garten beginnt daher das Sichversenken, ein Bereitsein für *Cha-do*, das *Cha no yu*, die bevorstehende Teezeremonie, miteinschließt.

Sowohl Garten, Brunnen, Wasser, Schöpfkelle als auch Haus sind peinlichst sauber gehalten und wirken doch nicht steril. Gerne erzählt man sich in Japan die Geschichte von Sen no Rikyū, dem bereits erwähnten Teemeister des 16. Jahrhunderts: Er ließ einmal seinen Garten säubern. Kein Blättchen, nichts lag mehr auf den Wegen, alles war ordentlich gefegt. Als er gerufen wurde, um die Säuberungsaktion zu begutachten, erstaunte man über seine Unzufriedenheit und versuchte erneut, noch mehr Ordnung und Sauberkeit zu schaffen. Doch Rikyū trat zu einem Baum, schüttelte ihn leicht, so daß wieder einige bunte Blätter zu Boden fielen.

Spricht nicht aus dieser überlieferten Begebenheit eine unvergleichliche Ästhetik und innige Beziehung zum Natürlichen! Dieser Kombination wird man immer wieder begegnen. Es ist eine Schönheit und Harmonie, die uns jedesmal aufs neue rührt und nicht unbeachtet bleiben kann. Sie wird von einem kreativen Geist geschaffen und deutet das an, was nicht direkt darzustellen ist. Eine solche Schöpfung hat eine tiefe seelische Wirkung.

Die ersten Gärten, die eine engere Beziehung zu den Grundgedanken von Cha no yu aufwiesen, wurden in der Momoyama-Zeit (1568–1615) wohl noch zu Lebzeiten Rikyūs angelegt. Die darin aufgestellten Steinlaternen dienten ursprünglich zur Beleuchtung für abendliche Rituale, und an den steinernen Becken mit klarem, kühlen Wasser sollten sich die Gäste reinigen, Gesicht und Hände vom Staub befreien. In späteren Zeiten wurden beide bewußt in die Teegärten integriert und vervollständigten durch ihre (symbolische) Bedeutung sowohl Atmosphäre als auch geistige Vorbereitung zur Teezeremonie. Denn, wie gesagt, der Weg durch den Teegarten soll den Gast schon außerhalb des Teeraumes für die bevorstehende Zeremonie bereit machen.

Obwohl es keine festen Richtlinien gibt, unterscheidet man in den meisten Fällen, wenn es die Räumlichkeit zuläßt, einen äußeren und einen inneren Garten. Neben den Anpflanzungen sind es besonders die Brunnen *(tsukubai)* und Trittsteine *(tobi-ishi)*, die unser Augenmerk auf sich lenken und die in Form und Anzahl je nach Gartendesigner variieren. So bevorzugte Rikyū zum Beispiel sechs Steine, auf denen man dahinschreitet und die sich deutlich vom Gartenboden abheben. Vier weitere Steine dienten ihm lediglich zur Dekoration. Bei Kobori Enshū war es umgekehrt. Und so gibt es sicher noch andere Beispiele. Wichtig und imposant sind auch die tsukubai zur symbolischen Säuberung und Entfernung jeglichen Schmutzes. Sie haben unterschiedliche Form, tragen manchmal eingehauene buddhistische Figuren oder *Kanji* (Schriftzeichen) oder haben als Oberfläche das Aussehen einer alten japanischen Münze. Das aus einer Quelle oder kaschierten Wasserleitung sprudelnde Wasser wird in der ausgehöhlten Rundung des Brunnens aufgefangen und kann mit einer hölzernen Kelle herausgeschöpft werden. Die vor dem Becken liegenden, flachen Steine sollen guten Stand gewährleisten.

Auffallend ist auch das *chū-mon*, welches als symbolisches Eingangstor äußeren und inneren Garten verbindet. Es soll hier jedoch – wie die Warteplätze *(soto-koshikake* und *uchi-koshikake)* zum kurzen Ausruhen, die Steine zum Ablegen der Schuhe oder Holzsandalen *(kutsu-nugi-ishi)* vor dem Teehaus und das *Chiri-ana* (Loch für abgefallene Blätter und Zweige) – nur kurz erwähnt werden.

Bäume, Büsche und Gräser, die für die Anpflanzungen benutzt werden, tragen kaum Blüten und dürfen vor allem keinen starken Duft verströmen. Meist sind es Kiefern, Ahorn, Zedern, Bambus, Kamelien, kleinere Büsche, Zwergbambus *(Sasa)* und Moos.

Wir wollen uns nun einmal einige Teegärten und Teehäuser ansehen, um in uns das nötige Vorstellungsvermögen zu wecken, bevor wir uns ins Innere wagen und den eigentlichen Teeraum *(chashitsu)* betreten: Die klassischen Teegärten entsprechen in ihrem Anlagenmuster dem der Momoyama (1568 bis 1615) und dem der frühen Edo-Zeit (ab 1615 bis etwa 1750). In ihnen werden Rikyūs Vorstellungen vom Gartenpfad sichtbar: eine natürlich-einfache, kultivierte Atmosphäre, die die Außenwelt und den Alltag mit seinen Belastungen fernhält, die beruhigt, harmo-

nisierend wirkt und unserem Schönheitssinn gerecht
wird.

Die Teegärten zeigen die Rolle, die sie im Teezere-
moniell spielen. Ihre an unbeabsichtigte Spontanität
erinnernde Wirkung, die Auswahl der miteinander
harmonisierenden verschiedenen Gegenstände und
Pflanzen sowie die angedeutete Symbolik und die Ausstrahlung des Ganzen beeinflußten seither auch andere Gärten und prägten deshalb außerhalb Japans die
Vorstellung des Typus »japanische Gärten«.

Sen no Rikyū und der Teeweg

Sen no Rikyū (1521–1591) verstand es, die von seinen Vorgängern und Lehrmeistern Shukō (1422–1502) und Jōō (1503–1555) übernommenen Richtlinien für den Teeweg (Cha-do) noch zu verfeinern und den Grundprinzipien mehr Geltung zu verschaffen. Harmonie *(wa)*, Ehrfurcht *(kei)*, Reinheit *(sei)* und Stille *(jaku)* waren für ihn die Eckpfeiler des geistigen Weges. Er wird gerühmt als ein Teemeister mit tiefer Empfindsamkeit, der eine harmonische Beziehung zur Natur beherzigte und um die Schönheit des Augenblickes wußte, aber auch um ihre Vergänglichkeit.

Einige Veränderungen in der Form rund um die Teezeremonie erinnern an ihn. So soll er unter anderem den engen und niedrigen Eingang zum Teeraum entwickelt haben, der auch Persönlichkeiten von Rang und Namen zum demutsvollen Bücken zwang. Die Schwertablagen vor dem Teeraum zeigen ebenfalls Rikyūs Geist. Er ließ sie anbringen, weil die in den damals unruhigen Zeiten derart gerüsteten Ritter und Krieger seine Vorstellung von Stille, Frieden und Harmonie störten.

Es gibt viele Hinweise und Geschichten über ihn und Gedichte von ihm, die seine Lebens- und Glaubenshal-

Sen no (Soeki) Rikyū

Tsukubai, der Brunnen mit fließendem Wasser

Feuerstelle mit Furo (im Sommer) und Heißwasserbehälter
sowie Tee-Utensilien

Reiseset für Cha no yu

tung verdeutlichen. Obwohl er mitten im Leben stand und sowohl bei den regierenden Shogunen als auch am kaiserlichen Hof großes Ansehen genoß, ließ er sich nicht beirren und ging seinen eigenen Weg, der ihn letztendlich durch unbegründete Anschuldigungen seiner Neider zu einer gespannten Beziehung zu seinem Gönner, dem mächtigen Despoten Hideyoshi, führte und danach sogar zu einer Verurteilung durch Selbsttötung *(seppuku,* das ist *harakiri).* Doch er gilt als einer der bekanntesten und berühmtesten Teemeister, wohl nicht nur des 16. Jahrhunderts, und sein Andenken wird in Ehren gehalten.

Wenn wir noch einmal das Gesagte überdenken, so sehen wir, daß für ihn natürlich auch die Form und die Ausübung der Teezeremonie wichtig war und er Schwerpunkte auf die Harmonie von innen und außen, von Mensch und Umgebung legte, und daß viele der noch heute bestehenden »Teeregeln« auf ihn zurückgehen. Aber noch mehr bedeutete ihm das Geistige dieses Weges, wie er es auch in seinem Gedicht ausdrückt:

> *Areba ari*
> *nakereba naki wo*
> *sono mama ni*
> *nasu koso shin no*
> *chanoyu narikiri*

Was frei übersetzt soviel heißt wie:

Wertvolle Teegeräte
sind unwesentlich.
Cha-do allein
ist der wahre Weg!

Also nicht Äußerlichkeiten allein, sondern das Innere, Geistige, ist das Wesentliche und damit Wichtige.

Auch der schon öfters erwähnte Teemeister Kobori Enshū (1579–1647), der sich vor allem als Gartenarchitekt einen Namen machte, wandelt auf Rikyūs Spuren und findet wie er in der Natur das Wesen der Teezeremonie bestätigt. Für ihn zeigen Frühling, Sommer, Herbst und Winter mit ihren ineinander übergehenden Entwicklungsstufen die Einheit allen Lebens, allen Seins und seine Vergänglichkeit im Jahresablauf. Wie die vier Jahreszeiten im steten Wandel unser Innerstes berühren, so kann uns auch der Teeweg diese Erkenntnis geben und die tiefe Wirklichkeit und Wesentlichkeit unseres Lebens erschauen lassen, wenn wir zur Wahrnehmung bereit, das heißt reif sind.

Wie sehr übrigens Enshū Rikyū schätzte, zeigt eine Diskussion, die Enshū mit seinen Schülern hatte, als sie lobend seine Sammlung von Teegeräten erwähnten. Jedes einzelne Stück zeuge von außergewöhnlichem Geschmack, so meinten sie, und müsse von jedem Betrachter gewürdigt werden, im Gegensatz zu den Utensilien Rikyūs. Nur einer von tausend hätte dessen Sammlung bewundern können. Doch Enshū

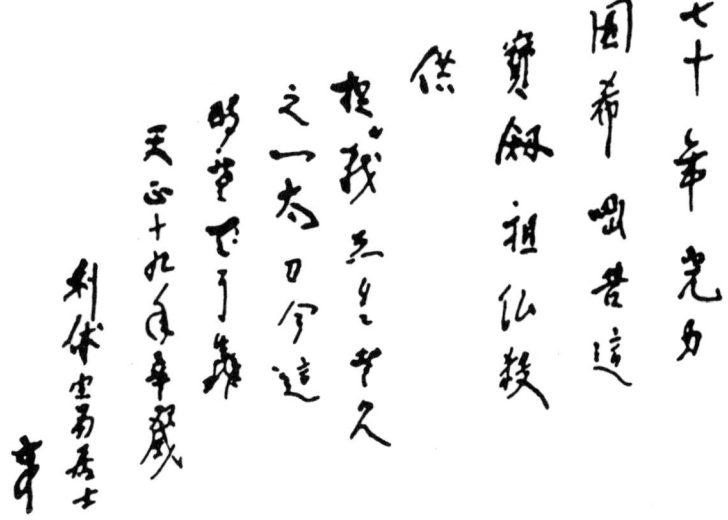

Rikyūs Abschiedsgedicht. Er erwähnt darin sein Alter
(70 Jahre) und seine Hoffnung, die auf Buddha und Bodhi-
dharma (1. Zen-Patriarch in China) gründet, wobei ihm
sein Schwert den Weg bahnen soll.

verteidigte Rikyū. Sein Geschmack wäre nicht alltäg-
lich. Er sei einer von tausend unter den Teemeistern
gewesen, denn er sammelte nur die Gegenstände, die
ihm wirklich etwas bedeuteten und nicht Dinge, die
der Masse gefallen.[3]

Teehaus und Teeraum

Die Architektur eines *cha-shitsu*, eines Teeraumes, ist japanischen Ursprungs und zeigt rein japanischen Geschmack. Sie entwickelte sich parallel zur Ausformung der Teezeremonie und erreichte in der Momoyama-Periode (1568-1615) ihren Höhepunkt. Während früher verfeinerter Geschmack nur auf die Aristokratie beschränkt war, änderte sich dies in jener Zeit, was vielleicht auch als Verdienst des damals bekanntesten Teemeisters Sen no Rikyū anzusehen ist.

Ein Teeraum ist kein gewöhnlicher Wohnraum, sondern dient eigentlich nur der Ästhetik. In ihm zelebriert man nur *Chanoyu*, die Teezeremonie. Ein cha-shitsu kann zwar auch ein Raum innerhalb eines Wohnhauses sein, ist aber meist ein alleinstehendes Gebäude.

Die Baumaterialien für ein Teehaus und besonders für einen Teeraum werden mit größter Sorgfalt ausgesucht. Das Erstellen eines guten Teeraumes soll teurer sein als der Bau eines normalen Hauses. Die dem Buddhismus zugrundeliegenden Gedanken von der Flüchtigkeit und Vergänglichkeit alles Irdischen und der Beständigkeit des Geistes haben auch das Äußere des Teeraumes geprägt. Die Bearbeitung der benutzten Holzarten und ihre Architektur vermitteln keinesfalls das Gefühl von Festigkeit und Ewigkeit. Leicht, nur eben mal aufgebaut, allen Naturgewalten preisgegeben, so zeigt sich uns das Teehaus. Die Stützbalken sind relativ dünn, und die dem Dach zugehörenden Bambusstangen wirken biegsam und beinahe zerbrechlich.

Alle kräftigen Farben werden vermieden. Sie würden die ruhige Atmosphäre stören. Sogar die Beleuchtung wird gedämpft gehalten. *Shibui* nennt dies der Japaner und verbindet mit der unauffälligen, etwas verblichen wirkenden Farbtönung und Stimmung sogleich einen erlesenen, unaufdringlichen, das heißt guten Geschmack. Die Größe des Teeraumes ist nicht immer gleich, sollte aber möglichst 4,5 Strohmatten *(tatami)* betragen. Diese Richtlinie geht unter anderem auf eine buddhistische Allegorie zurück, nach der für »Erleuchtete« die Grenze des Raumes aufgehoben ist; denn der heilige Manjusri (Buddha der Weisheit) und 84 000 seiner Schüler sollen in solch kleinem Raum empfangen worden sein.

Der Raum selbst ist einwandfrei sauber wie auch alle die meist sehr alten und kostbaren Tee-Utensilien. Aber noch kann man das Innere des Raumes nicht sehen. Man kommt gemessenen Schrittes vom Roji, hat sich gesäubert und sich auch über die Reihenfolge des Eintretens geeinigt und steht nun vor dem Teehaus, das in seinem einfachen, schmucklosen und ärmlich anmutenden Äußeren den alten strohgedeckten Bauernhäusern auf dem Lande gleicht. Der Eingang zum

Ansicht eines Teehauses mit Gartenteil

Teeraum ist niedrig und verhältnismäßig eng, vielleicht einen Meter hoch, so daß sich jeder Eintretende bücken muß, um hindurch zu kommen.

Dieses zunächst erzwungene Sichbücken soll zu Bescheidenheit und Demut erziehen. Denn im Teeraum gibt es keine Klassenunterschiede, kein arm oder reich, keine Unterschiede in Herkunft, Bildung oder Beruf. Hier sind alle gleich und haben das Gleiche im Sinn, nämlich sich der angenehmen Atmosphäre und einer allumfassenden Schönheit und Harmonie zu erfreuen.

Früher mußten sich die streitbaren Samurai vor Betreten des cha-shitsu ihrer Schwerter entledigen, für die es links und rechts neben dem Eingang entsprechende Ablagen gab. Da sich ein Samurai sonst nie von seinem *katana* (Schwert) trennt, bedeutet das Ablegen Vertrauen in die zur Zeremonie Geladenen, aber auch Demut vor dem geistigen Prinzip dieses »Weges«, das dem Weg der Krieger *(bushi-do)* ebenfalls zugrunde liegt.

Der Teeraum selbst ist leer bis auf ein Schmuckstück, das ein extra ausgewähltes Rollbild in der *Tokonoma* (Wandnische und Ehrenplatz eines japanischen Zimmers) mit einigen kunstvoll gemalten Schriftzeichen sein kann oder ein Blütenzweig. Obwohl das eine oder andere auch eine vordergründige Bedeutung hat und unser Schönheitsempfinden vollauf befriedigen kann, zeigt doch der Blütenzweig außerdem die gegenwärtige Jahreszeit an oder eine bevorstehende, er-

Blick in einen Teeraum

sehnte und läßt Gedanken an das Werden und Vergehen, das sich immer wiederholt, wach werden. Auch
die Schriftzeichen haben meist eine tiefere Bedeutung,
abgesehen von der Kunst des Tuschemalers. Was auch
auf die anderen Künste zutrifft, gilt nämlich im besonderen Maße für diese Malerei: Sie ist nicht nur eine
ästhetische Form der Ausdrucksmöglichkeiten – keine
naturgetreue Abbildung oder Genremalerei –, sondern
sie gibt eine durch Erfahrung erlangte Weltanschauung wieder. Sie kann nur dann erfaßt und miterlebt
werden, wenn der Betrachter es vermag, sich ebenfalls

57

in das Dargestellte zu versenken und das Gefühl oder ein Erlebnis des Künstlers nachzuempfinden. Erst dann ist die Vervollkommnung geglückt, ist die »kosmische Ganzheit« in den Erfahrungsbereich gerückt, die unser Eingebundensein in den großen Kreislauf anzeigt. So kann auch die Betrachtung eines Bildes, und hier besonders das Einfühlen in eine mit Tusche gemalte Darstellung, eine meditative Praxis sein.

Das Nichtdargestellte und doch Vorhandene und Erschaubare, das von den so flüchtig dahingeworfen erscheinenden Pinselzeichnungen im Teeraum ausgeht, zeigt Parallelen zum Teeweg. Sie passen deshalb vorzüglich in den Rahmen der Teezeremonie, deren Wirkungskraft auch nur im eigenen Inneren verspürt werden kann. Um den geistigen Hintergrund des chashitsu zu verstehen, muß man das Wesen der Teezeremonie würdigen können, deren wahrer Geist schwierig zu beschreiben ist.

Doch schon das Äußere des Teeraumes verfehlt nicht seine Wirkung. Harmonisch und bewunderungswürdig sind seine klaren Linien und die Schlichtheit und Einfachheit, die durch Konstruktion, Art und Aussehen des verwendeten Materials betont werden. Die Kombination mit der erwähnten gedämpften Farbgebung des Raumes erhöht noch die stilvolle Atmosphäre. Und die kunstvoll hervorgerufene ländlich-bäuerliche »Originalität« des naturbelassenen Holzes zeigt edlen Geschmack und meisterliche Handwerkskunst bei der Behandlung und Verwendung der benötigten Baustoffe. Für Hideto Kishida, ehemaliger Professor für japanische Architektur an der Tokyo Universität, ist darum ein cha-shitsu ein »Gedicht in Architektur«![5] Vielleicht verspüren auch Sie bereits jetzt etwas von dem Unaussprechlichen.

Im Laufe der Zeit entwickelten sich bestimmte Teeraumtypen, die sich wie gesagt auch in der Größe unterscheiden. Angeblich legte Murata Shuko (1422 bis 1502), der als Pionier von Chanoyu gilt, dafür 4,5 Tatami (das sind vier und eine halbe Matte) fest, was ungefähr 7,5 bis 9 Quadratmetern entspricht. Diese Maße werden bevorzugt, obwohl auch Räume bis etwa 30 Quadratmeter benutzt wurden. Auf dem genannten kleinen Raum versucht man Größe und Schönheit der allgegenwärtigen Natur bewußt werden zu lassen.

Wenn wir nun unsere Blicke von dem Tuschebild im Teeraum lösen, sind wir wieder ganz im Jetzt. Es gibt nichts, das uns fesseln kann, nichts, das unsere Augen in sinnender Betrachtung auf sich lenkt, wie es vielleicht die einfachen Schriftzeichen des Rollbildes oder der simple Blütenzweig vermochten. Die Strohmatten auf dem Boden mit ihren dunklen Einfassungen ziehen scharfe, gerade Linien und betonen Ordnung und Klarheit, noch verstärkt durch die typische Teehausarchitektur. Was aber neben der »Raumausstattung« besonders beeindruckt, ist die sichtbare, totale Leere. Wieder drängt sich hier ein Vergleich auf mit der Haiku-Dichtung und der japanischen Malerei. Hier gehen vom

Unausgesprochenen im Gedicht und vom nicht bear-
beiteten, leeren Raum eines Bildes ebenfalls außeror-
dentlich starke Wirkungen aus. Erst das Ungesagte,
Unvollendete erregt unseren Geist, unsere Sinne und
drängt auf Vollendung. Es ist eine mögliche Vervollkommnung in Gedanken, in der Phantasie, die jeder
Betrachter oder Teilnehmer nach seiner Vorstellung,
nach seinem Ermessen vollziehen kann und die ihn
selbst miteinschließt.

Da zen-buddhistisches Gedankengut viele taoisti-
sche Berührungspunkte aufweist, ist es gut möglich,
daß die positive Leere im Raum oder Gegenstand auf
Laotse zurückgeht, der in der Leere alle Möglichkeiten
offensieht. Nur etwas Leeres kann angefüllt werden,
sei es mit etwas Sichtbarem oder einer geistigen Ideal-
vorstellung. Und wahrscheinlich ist die Leere im Teeraum auch so zu verstehen, denn in diese Leere hinein
wird die Teezeremonie zelebriert. Dem Gast bleibt es
dann überlassen, sich selbst oder sein Selbst mit in die
ausgeübte Wirkung einzubeziehen und von sich aus
eine Einheit mit dem Ganzen zu vollziehen.

Vorbereitungen zur Teezeremonie

Sehr oft erfolgt ein zwangloses Treffen, und es wird dabei grüner Tee angeboten, vielleicht sogar mit ähnlichen oder auch den gleichen Dessertstückchen wie bei der Teezeremonie. Man trinkt als Besucher aus besonderen *Chawan* (Teeschalen oder -becher ohne Henkel), zu denen zum Beispiel die Kyoto-Chawan gehören. Aber das hat nichts mit der Teezeremonie zu tun, für die meist Vorbereitungen nötig sind. Und auch da gibt es Unterschiede, ob zu einer formellen Zeremonie eingeladen wird mit einem speziellen Essen *(Kaiseki)* und anschließender Zubereitung von *Koicha*, einem starken dickflüssigen Tee, und danach *Usūcha* (etwas dünnerer Tee) oder ob man etwas informeller und zwangloser nur Usū-cha anbietet, jedoch am vorgeschriebenen Ritual festhält. Wichtig ist auch die Beachtung der Jahreszeit, da man im Sommer eine tragbare Holzkohle-Feuerstelle *(Furo:* Mai bis Oktober) benutzt, während im Winter die Feuerstelle einen festen Platz in einem quadratischen Loch im Boden hat (*Ro:* November bis April). Die übrigen Utensilien und der Zimmerschmuck müssen danach ausgerichtet werden. Während man sich für Usū-cha ohne allzu große Umstände zusammenfindet, wird für eine formelle und strengere Zeremonie schriftlich oder mündlich rechtzeitig vor dem betreffenden Termin eingeladen, damit die Vorbereitungen auf beiden Seiten nicht in Hektik und Streß ausarten oder andere Verpflichtungen eine Teilnahme unmöglich machen.

Der Gastgeber wird bei einer offiziellen Chanoyu-Party das einfache, aber sorgfältig vorzubereitende Essen auswählen und vorher zubereiten, Teegarten, Teeraum und Tee-Utensilien säubern und der Situation und Jahreszeit entsprechend bereitstellen. Am Tage der Einladung fegt er oder eine Hilfe noch einmal den Garten und besprengt ihn mit Wasser, das die Sauberkeit betont und gleichzeitig Frische vermittelt. Jetzt können die Gäste kommen. Auch sie halten sich an die Vorschriften des Rituals, das heißt sie wählen eine Kleidung in ruhigen Farben. Hat man sich für einen Kimono entschieden, so tragen Männer dunkelblaue oder schwarze Seidenkimonos mit dem jeweiligen Familienwappen. Auch die Frauen vermeiden allzu starke und laute Farbtöne und Muster. Die weißen Tabi müssen einwandfrei sauber sein. Deshalb wird vorsorglich ein zweites Paar mitgenommen, das man vor Betreten des Teeraumes anzieht. Auch sollte jeder Gast einen kleinen zusammengefalteten Fächer, Spezialpapier und eventuell *Joji* und Seidentuch in einem dafür vorgesehenen brokatseidenen Etui mitbringen.

Damit sind alle Vorbereitungen getroffen, und alles ist nun bereit. Mitbringsel wie Blumen oder ein anderes Geschenk für den Gastgeber werden nicht erwartet beziehungsweise entsprechen nicht der Sitte des Zeremoniells. Wie geht dies nun im einzelnen vor sich?

Das Tee-Erlebnis, ein verkleinertes Welterlebnis

Schon im Garten werden die Eingeladenen vom Gastgeber beziehungsweise einem Helfer begrüßt. Nachdem man Mund und Hände gereinigt und sich über die
Reihenfolge des Eintretens geeinigt hat, betritt man
schweigend den Teeraum. Schuhe oder *Geta* (Holzsandalen) werden selbstverständlich draußen abgelegt.
Nacheinander kniet dann jeder Gast vor der Wandnische nieder, um Rollbild und eventuell Blumen zu begrüßen und zu bewundern. Ebenso erweist er dem
Zubereitungsplatz seine Reverenz, indem er vor der
Feuerstelle erneut niederkniet, wieder seinen mitge-
brachten zusammengefalteten Fächer vor sich hinlegt
(es symbolisiert das Ablegen des Schwertes und bedeutet: »Ich komme in Frieden«), um auch den Wasserkes-
sel genau zu betrachten und ihn damit entsprechend
zu würdigen. Erst dann darf man sich auf dem flachen
Sitzkissen niederlassen. Diese Vorbereitungen gehören bereits zur Zeremonie.

Wenn alle Gäste ihren Platz eingenommen haben,
wird eine Schale mit speziellem Dessert gereicht. Der
Ehrengast (oder erster Gast) verbeugt sich vor seinem
folgenden Nachbarn mit den Worten: *O saki ni*, das

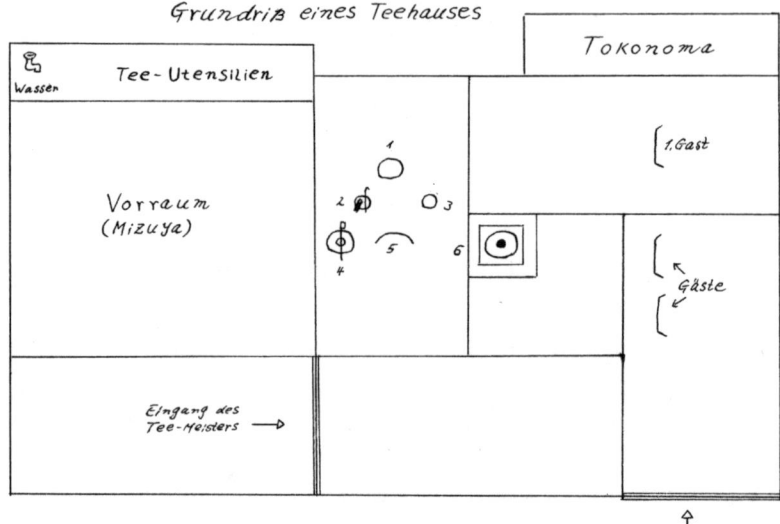

Grundriß eines Teehauses

1. Gefäß mit frischem Wasser
2. Teeschale mit Teelöffel
3. Teedose
4. Gefäß für gebrauchtes Wasser mit Ständer und Schöpfkelle
5. Teemeister beziehungsweise Schüler
6. Feuerstelle mit eisernem Kessel

heißt »Sie erlauben, daß ich vor Ihnen zugreife«, nimmt ein Stück davon und legt es auf sein mitgebrachtes *Kaishi* (weißes Spezialpapier) auf die Strohmatte vor sich, ohne allerdings die schwarze Matteneinfassung zu bedecken. Sie dient als Begrenzung. Wenn wieder Ruhe herrscht und jeder sitzt, erscheint der Teemeister und Gastgeber an der Tür. Auch er kniet nieder, verbeugt sich und bringt ein Gefäß mit kaltem Wasser, das er neben der Feuerstelle abstellt. Sein gemessenes Schreiten, seine gerade Haltung, die etwas hochgenommenen Arme und darreichenden Hände, die das Gefäß tragen, das die Tatami streifende Geräusch der Tabi, der Ernst und die feierliche Stille, mit der das Zeremoniell ausgeführt wird, sind unbeschreiblich schön.

Sind alle Tee-Utensilien hereingebracht worden, erfolgt das symbolische Säubern der Teeschale vor den Gästen. Schließlich wird Pulvertee in eine *Chawan* (Teeschale) gegeben, heißes Wasser zugefügt und der Schöpfer mit Handbewegungen und Gesten ergriffen, wie sie ähnlich bei Buddha-Darstellungen (Mutra) zu sehen sind. Das Ganze wird mit dem *Chasen* (Bambusschläger) schaumig geschlagen und dem ersten Gast vorgesetzt. Während der Teemeister den Tee zubereitet, verspeist der Ehrengast sein O-Kashi (süßes Dessert). Nun hebt er die vor ihm stehende Schale etwa in Kinnhöhe hoch, indem er sich gleichzeitig leicht vorneigt, um zu grüßen und zu danken. Es muß ein dreifacher Dank sein: Dank dem Teemeister für die Zubereitung, Dank auch für den Tee sowie Dank der allgegenwärtigen und alles umfassenden Göttlichkeit. Dann trinkt er den schaumigen Teesud schlürfend in drei Schlucken. Bevor er die Schale zurückgibt, ist es Sitte, sie nach Vorschrift genau anzusehen und seine Wertschätzung zu zeigen, denn es sind oft altehrwürdige Schalen von bekannten und berühmten Herstellern.

Tee-Utensilien

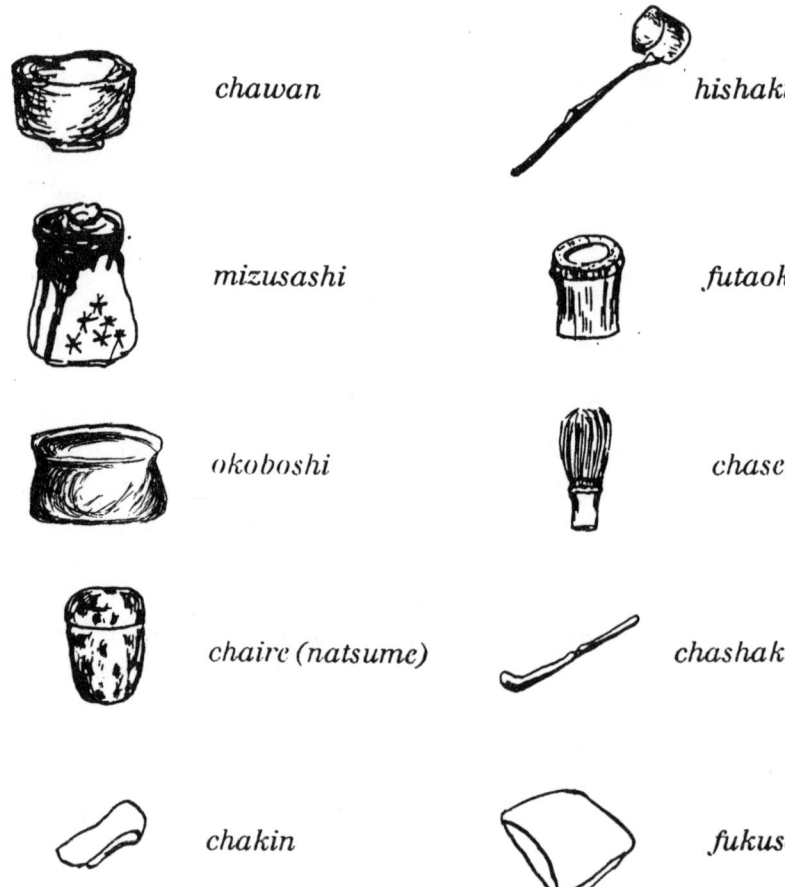

chawan

hishaku

mizusashi

futaoki

okoboshi

chasen

chaire (natsume)

chashaku

chakin

fukusa

Sind viele Gäste eingeladen worden, wird jedem nacheinander eine Schale Tee serviert. Ansonsten benutzt man nur eine Chawan, die herumgereicht, aber zuvor von jedem an der Stelle gesäubert wird, die er beim Trinken mit den Lippen berührt. Wie auch der erste Gast, so haben die folgenden zuerst ihre Süßspeise zu sich genommen, um den Geschmack des Tees besser würdigen zu können. Mit dem Bewundern und Zurückgeben der Teeschale ist die Zeremonie beendet. Man verneigt sich dankend, verläßt aber erst dann den Raum, nachdem man die Bitte geäußert hat, Teedose und Teelöffel anschauen zu dürfen und alle benutzten Gegenstände danach wieder weggeräumt wurden. Zurück bleibt – wie zu Anfang – nur ein leeres Zimmer, die Leere im Raum. Nach der vorangegangenen Zeremonie ist diese Wirkung besonders stark. Stille, Ernsthaftigkeit und ein bißchen Einsamkeit klingen nach und berühren unser Gemüt.

T. Hasumi beschreibt das »Tee-Erlebnis als ein verkleinertes Welterlebnis im Teeraum« und meint, daß der Sinn der Handlung in der Rückkehr zur Natur und einer Vereinigung mit ihr liegt: »Im kleinen Raum den Kosmos zu erleben [...] Denken, Fühlen und Wollen für den Lebensrhythmus der Naturwelt zu öffnen [...] und sich selbst mit ihr in Einklang zu bringen...«[4], seien Ziel und Wesen einer Kunst. Dann vereinen sich Himmel, Mensch und Erde in Harmonie, was hauptsächlich die Blumensteckkunst betont, was aber auch in der Teezeremonie deutlich wird. Diese erfährt zudem eine

Im Teegarten

Reinigung am Brunnen

Ablegen der Schuhe vor
dem Teeraum

Ehrerbietige Begrüßung an
der Tokonoma

Begrüßung vor der Feuer-
stelle mit *Ro* (im Winter)

Bereitstellen der süßen
Kuchenstückchen vor dem
Ehrengast

Teemeister oder Schüler
beim Eintritt in den
Teeraum

Steigerung durch das Aufzeigen der Möglichkeit, auch in anderen Lebensbereichen einen Weg zu finden, der Ästhetik vermittelt, eine Schönheit im Wechsel der Zeiten, eine Schönheit, die augenblicklich erfaßt werden kann, die aber auch dahinschwindet, eine Schönheit, die nachdenklich macht. Denn Chanoyu, die Teezeremonie, beinhaltet ja – wie wir gesehen haben – nicht nur Teezubereitung und Teetrinken, sondern bezieht Malerei, Blumenstellen, Handwerkskunst, Architektur und Gartenkunst mit ein und damit auch deren Schönheitsideal. Aber im Unterschied zu diesen Künsten ist in der Teekunst der Mensch selbst notwendiger Bestandteil. Er ist sowohl Künstler als auch Kunstgegenstand, da er sich selbst körperlich und geistig miteinbringen und darstellen muß.

Die Zeremonie strebt keinem Höhepunkt zu, sondern ist eigentlich nur eine fortlaufende Handlung, die jedoch immer nach festgelegtem Ritual abläuft, je nach Schule (Omote-senke, Ura-senke, Musha-senke) mit kleinen Abänderungen. Außer den Geräuschen, die durch die Handlung bedingt sind, herrscht Stille im Raum. Man sitzt, schaut, schweigt. Hin und wieder sind Äußerungen erlaubt beziehungsweise notwendig. Sie gehen jedoch nie in eine normale Unterhaltung über. Man benutzt dabei nicht die gewohnte Umgangssprache, sondern gewählte Worte und Sätze. Auch daran spürt man das Besondere dieses Zeremoniells.

Nach oft jahrelanger Beschäftigung mit der Teekunst und den dazu nötigen Übungen wird das Bewußtsein so verfeinert und gesteigert, daß sogar – wie durch die Zazen-Meditation – die All-Einheit und unser Eingebettetsein darin erfaßt werden kann. Die bekanntesten japanischen Teemeister waren nämlich Anhänger oder Schüler des Zen-Buddhismus. So ist die bis ins kleinste und feinste ausgearbeitete und exakt auszuübende Zeremonie zu verstehen und sind Sauberkeit und Ordnung, Leere im Raum sowie Harmonie unter den Teilnehmern und mit der Umgebung als ein Teil von Zen anzusehen. Durch die Teezeremonie kann daher sein Geist, sein Wesen in den Lebensalltag einfließen.

Wenn man beim Eindringen in das Wesen der Teekunst auch die schon erwähnten anderen Künste berücksichtigen und ihre Vorstellung von Schönheit miteinbeziehen muß, so darf man auch den Teemeister nicht nur als Meister der Teekunst sehen. Er ist vielmehr ein Meister alles Schönen – des Schönen schlechthin. Er muß ein Gespür haben für die Garten- und Blumenkunst, muß bewandert sein in Malerei und Lackkunst, sollte die Töpferkunst kennen und Sinn haben für Harmonie in Umgebung, Raum und Kleidung sowie für Muster und Farben im Teeraum und bei den Teegeräten. Es gibt fast keine Kunstrichtung, die nicht eine Verbindung zur Teezeremonie aufweist und die nicht auf irgendeine Weise Einflüsse von Teemeistern und damit auch Einflüsse von Zen zeigt, so wie auch die Vorliebe zur Asymmetrie zen-buddhistischen Idealen entspricht.

73

Man überläßt ja die Vollendung eines Werkes – hier ist die Vervollkommnung gemeint – und seine Wirkung dem Betrachter. Es ist der geistige Vorgang, der gewollt erzielt werden soll. Alles Vollkommene, das heißt alles vollendet Dargestellte, läßt keinen Raum. Der Betrachter hat keine Möglichkeit, sein Selbst miteinzubringen. Das würde dem Zen-Ideal widersprechen. Symmetrie in der Kunst zeigt Vollendung, Fertigstellung, Wiederholung und dadurch vielleicht sogar Eintönigkeit statt Abwechslung oder auch – Langeweile. Und dies will man unter allen Umständen vermeiden. Deshalb achtet man im Teeraum sehr darauf, daß alle Ähnlichkeiten, die an Wiederholungen denken lassen, vermieden werden, ganz gleich, ob es eine Farbe ist oder eine Form oder ein Muster.

Für den aufmerksamen Betrachter zeigt sich das schon an den unterschiedlichen Holzsorten, die im Innenraum Verwendung finden. Maserung und Holztönung sind ebenfalls verschieden. Dünn und zerbrechlich wirken die Holzgitter der Shoji an Tür und Fenstern im Gegensatz zu dem hölzernen Stützbalken, der sich meist in der Nähe der Tokonoma befindet und mehr als Schmuck und Augenweide dient, denn als Stütze, durch seine oft naturbelassene Form, die manchmal einen eigenartigen Wuchs aufweist. Auch die zeremoniellen Geräte gleichen sich nicht und zeigen keine äußerliche Zusammengehörigkeit. Im Gegensatz zu dem bei uns gebräuchlichen Kaffee-, Tee- oder Tafelgeschirr ist jedes Teil einmalig in Form,

Teezubereitung in den Wintermonaten
(Stützbalken naturbelassen)

Muster, Größe, Farbe und Material. Viele Utensilien
sind Erbstücke und haben Tradition. Neuanschaffun-
gen werden wohl nur für den Unterricht benutzt. Allerdings gibt es eine Ausnahme. Schöpfkelle und weißes
Leinenputztuch tragen nicht die Spuren der Vergan-
genheit und des Alters wie die übrigen Geräte. Sie sind
immer neu.

Läßt man das alles auf sich wirken, so empfindet
man eine wohltuende, harmonische Atmosphäre, die
fast vollkommen ist, die uns aber vielleicht doch zum
Nachdenken anregt oder sogar auffordert. Oder ist dieses Nachsinnen ein Schwingen, das vom Wesen des
Rituals bereits auf uns übergegangen ist, damit das
Unausgesprochene vollendet und darüber hinaus er-
lebt werden kann?

Was übrigens die erwähnte Blumenkunst im Zusammenhang mit Tee betrifft, so hat das Blumenstellen im Teeraum nichts zu tun mit dem traditionellen Ikebana, das nach anderen Richtlinien gehandhabt wird. Dieses hatte sich wahrscheinlich zunächst vor religiösem Hintergrund zur Verehrung Buddhas entwickelt. In späteren Jahrhunderten nahmen sich die inzwischen entstandenen Blumenschulen des Blumenstellens an, wobei besonders die Ikenobo-Richtung strenge Regeln aufstellte. Sie versuchte mit ihrer Anordnung von Blüten und Zweigen, die Harmonie zwischen Himmel, Erde und Mensch symbolisch auszudrücken.

Das Blumenstellen im Teeraum hat keine eigenen Gesetze. Eine Blüte oder ein Blütenzweig wird zwar sorgfältig ausgesucht, wie alles rund um den Tee, und erhält seinen Platz in der Tokonoma, wo seine Wirkung durch nichts anderes gestört werden darf, paßt aber im Gegensatz zum Ikebana-Gesteck nur in diese gegenwärtige Umgebung. Er ist dem Tee-Zeremoniell als ein Teil des ästhetischen Rituals untergeordnet und darf deshalb zum Beispiel auch keine allzu starken Farben aufweisen.

Schlichtheit und Natürlichkeit haben Vorrang sowie eine den einzelnen Blumen gemäße Anordnung. Sie entsprechen so den Idealen des Teeweges und sollen ja nicht Mittelpunkt, sondern Teil des Ganzen sein. Außerdem machen die im Teeraum verwendeten, oft aus Bambusholz hergestellten Blumenbehälter, die auch aufgehängt werden können, ein nach Länge und Winkelneigung festgelegtes Stecken unmöglich. Obwohl die Teeblumen beinahe ein Schattendasein führen, zeigt sich dennoch ihre Besonderheit am Begrüßen durch die Teegäste und an der Bewunderung ihrer einsamen Schönheit.

Doch wirkliche Schönheit kann erst entdeckt werden von demjenigen, der für sie empfindsam ist und der auch in ihr einen Teil des großen Ganzen sieht.

Zum Schluß soll noch eine etwas außergewöhnliche Teezeremonie erwähnt werden, die im Saidai-ji Tempel in Nara jeweils im Monat April stattfindet. Gemeint ist *Ochamori*, ein Zeremoniell mit Tee-Utensilien von erstaunlicher Größe, das heute wohl mehr einem amüsanten Fest gleicht.

Der Saidai-ji Tempel war einer der sieben größten Tempel und wurde im 8. Jahrhundert erbaut. Ein Großteil seiner Gebäude wurde durch Feuer zerstört und erst im 12. Jahrhundert wieder neu erstellt. Im 13. Jahrhundert erlebte der Tempel eine Renaissance, verlor aber in den folgenden Jahrhunderten erneut an Bedeutung. Nur im April steigt die Besucherzahl an. Der Grund ist neben den vielen Kunstschätzen wohl hauptsächlich in der Ochamori-Zeremonie zu suchen.

Dazu erzählt man sich folgende Geschichte: Als wieder ein gewisser Wohlstand im Saidai-ji eingekehrt war, besuchte der oberste Vorsteher des Tempels, der Abt Onen Shonin, zu Neujahr den Hachiman-Schrein, um dort zu beten. Der Anblick des Schreines inmitten von Schnee beeindruckte ihn so, daß er den zeremoniellen Tee in einer besonders großen Schale zubereitete, die er Hachiman weihte und dann den Bewohnern des Dorfes anbot. Als im späten 13. Jahrhundert die Japan bedrohenden mongolischen Flotten des Kublai-Khan vertrieben waren, hat man einem aus der Schlacht heimgekehrten Krieger ebenfalls Tee serviert in der übergroßen Teeschale des Tempels, was den Krieger zu der Bemerkung veranlaßte, daß die Größe der Schale und die darin enthaltene Teemenge ihn mehr erschreckt hätten, als es die mächtigen mongolischen Kämpfer je vermochten.

Die Ochamori-Zeremonien wurden bis etwa 1912 abgehalten und dann einige Jahre unterbrochen. Aber schon bald nahm man diese Sitte wieder auf und legte die Feier auf Mitte April, wobei man eine Abbildung des Hachiman-Schreins im Schnee im Tempel aufstellt, um an Onen Shonin zu erinnern, den »Erfinder« von Ochamori. Neben der unwahrscheinlich großen Teeschale (Durchmesser etwa 25 bis 30 Zentimeter, Höhe mindestens 15 Zentimeter) kann man auch die enorme Größe der übrigen Teegeräte bewundern, die für Chanoyu-Utensilien einmalig sein dürfte.

Ochamori im Saidai-ji-Tempel in Nara

79

Schlußbetrachtung

Wenn wir am Ende dieses Buches noch einmal zusammenfassen, was eigentlich die Kunst des Teetrinkens, des Teekultes ausmacht, so ist es die Art des Weges, der dabei zu gehen ist. Dieser ist nicht nur an eine bestimmte Zeremonie, an eine festgelegte Form des Zubereitens und Trinkens gebunden, sondern veranschaulicht eine Lebensphilosophie, eine eigene Lebensanschauung. Äußerlich ist seine Form von edler Schönheit geprägt, einer Schönheit, die Sakrales ahnen läßt. Sein inneres Wesen ist der Geist einer jeden japanischen Kunstrichtung, eines Weges. Es zeigt eine Haltung in der Lebensführung und Weltbetrachtung, die durch den Zen-Buddhismus an Tiefe gewonnen hat, aber ohne Ästhetik nicht diese Vollkommenheit und Harmonie ausstrahlen würde.

Aber weder die vorgeschriebenen Handhabungen bei Ausübung der Zeremonie noch die Art der benutzten Utensilien sagen etwas aus über das Wesen des Teeweges. Und zu viele Worte und Erklärungen würden dem Wesentlichen wohl eher abträglich sein oder sind überhaupt überflüssig, wenn nicht sogar unmöglich. So vermag eigentlich allein die eigene Erfahrung für sich zu sprechen. Aber eine solche Erfahrung hier bei uns zu erleben, dürfte ziemlich schwierig sein. Zwar wird die Technik und damit das Erlernen der japanischen Teezeremonie mancherorts angeboten (zum Beispiel in München) und es gibt auch nach japanischem Vorbild aufgestellte Teehäuser, aber sie können nur einen Abglanz zeigen von dem, was uns die Heimat des Teeweges darzubieten vermag.

Doch wenn auch die typische Atmosphäre kaum nachzuahmen ist, so können wir uns mit der geistigen Seite dieser Lebensphilosophie, die ja eben nicht sichtbar darzustellen ist, beschäftigen und sicherlich auch für uns Passendes herausfiltrieren, das auch uns in Europa neben den sichtbaren Feinheiten Möglichkeiten aufzeigt, die wir in unser tägliches Leben integrieren und damit unsere konstruktive Glaubenshaltung positiv beeinflussen und festigen können.

Chanoyu, die japanische Teezeremonie, mit ihren so mannigfaltigen Beziehungen zu Malerei, Architektur, Gartenkunst, Blumenstecken, Philosophie, Religion und Handwerkskunst, ist, wie kaum eine andere Kunst, dazu ausersehen, uns neben Exotik und Ästhetik eine Vorstellung vom geistigen Leben in Japan zu geben. Auch wenn die Beschäftigung mit dieser Kunst nur dürftig ist, so vermag man dadurch doch japanisches Leben, japanische Lebenshaltung und Lebensphilosophie besser zu verstehen und entsprechend einzuschätzen, trotz der derzeitigen High-Tech-Strategie und oberflächlichem Materialismus, die jenes Gesicht Japans momentan fast völlig verdecken. Wenn man nämlich Zen-Geist würdigt und in sein Leben integriert, ist es möglich, trotz allem Gelassenheit und innere Ruhe zu erzielen und eine klare Sicht zu bewahren.

Aber wir sind nicht Japan, werden Sie denken. Was kann hierbei für uns bedeutsam und von Nutzen sein? Doch es gibt zwischen unseren beiden Ländern gewisse Parallelen.

Überlegen Sie einmal, wie sich bei uns die Lebens- und Umgangsformen und unsere Geisteshaltung entwickelt haben. Vieles hat sich verändert und das nicht immer zum Besten! Sind wir nicht weit entfernt von den Richtlinien und der Etikette, die zum Beispiel für die technische Seite der Teezeremonie Voraussetzung sind? Natürlich-freundliches Benehmen, Rücksicht und Respekt gegenüber anderen, auch gegenüber der Natur, Sauberkeit und Ordnung in und um uns, Sorgfalt, Schlichtheit und Mäßigkeit als wesentliche Begriffe dieser Kunst sind keine Utopie. Sie haben auch in unserem Alltag Geltung und sollten beachtet werden. Für den Teeweg sind diese Werte zusammengefaßt in den vier Grundpfeilern: Harmonie, Ehrfurcht, Reinheit und Stille. Wie sieht es damit bei uns aus? Legen wir wirklich Wert auf unser Benehmen, unser Äußeres, auf unsere Haltung, unsere Ausstrahlung, die immer auch unser Inneres, unsere Gedanken, unseren Geist widerspiegeln? Gäbe es da nicht einiges zu verändern?

Können wir uns noch an den einfachen Dingen unserer Welt erfreuen, an einer Blüte, an einem Lächeln, am morgendlichen Vogelgezwitscher, an einem frohen Beisammensein mit Freunden, an einer Melodie, einem guten Buch? Muß es immer »Action« sein, der wir uns hingeben, um nicht nachdenken zu müssen oder aus Angst vor dem Einsamsein? Auch die geglaubte Imageverbesserung durch auffallende Kleidung extravaganter Firmen, teuere, neueste Autos, glitzernden Goldschmuck oder aufgestylte Frisuren täuscht nicht über die dahinterstehende Leere hinweg. Und der alles verachtende Vagabundenlook drückt ebenfalls weder Lebensfreude noch Zufriedenheit aus, wie auch das egozentrisch-egoistische Desinteresse am Nächsten oder am jeweiligen Umfeld.

Wenn Sie sich das unauffällig Schlichte und Edle des Teeraumes, der Tee-Utensilien, der Bewegungen und das Aussehen des Teemeisters und der eingeladenen Gäste und die sie vereinende Harmonie während des Rituals vergegenwärtigen, dann fühlen Sie sicher die positive Wirkung, die die kultivierte Einfachheit und Schlichtheit, Gewaltlosigkeit und erlesene Schönheit verbunden mit Harmonie und Freude auf unsere Lebenseinstellung haben, aber auch auf die uns täglich umgebenden Dinge und Situationen und auf unser Benehmen uns selbst und unseren Mitmenschen gegenüber.

Es müssen ja nicht unbedingt originaljapanische Sitten und Gebräuche sein, die wir uns aneignen sollen. Auch in uns schlummert vieles, an das wir uns nur wieder erinnern und dem wir den ihm zustehenden

Stellenwert einräumen müßten. Dies würde uns mit Sicherheit Wohlgefühl und Lebensfreude bescheren, uns Hektik, Unruhe, Aggressivität und sonstige Strapazen des Alltags fernhalten und dadurch zu mehr innerer Freude, Ruhe und Gelassenheit verhelfen. Wäre das nicht einen Versuch wert?

Es ist nie zu spät, zurückzufinden zum Natürlichen, zur Natur, was ja Verehrer von Chanoyu – und nicht nur sie – so schätzen. Und auch die Möglichkeit ist stets vorhanden, obigen Werten wieder mehr Geltung in unserem Lebenskreis zu verschaffen und sich frei zu machen von den seelischen Belastungen im täglichen Leben. Und vielleicht auch das Einssein allen Seins zu empfinden und damit die Angst vor der Vergänglichkeit des Lebens, die viele unserer Handlungen bestimmt, wenn nicht zu verlieren, so doch zu mindern. Und diese Chance sollte man nützen!

Man erfaßt vielleicht augenblicklich, daß in der Natur ein ewiger Kreislauf stattfindet und daß man selbst in dieses Lebensgesetz einbezogen ist. Von einem japanischen Meister sollen die folgenden Zeilen stammen, die das Gesagte noch einmal verdeutlichen:

Ständig zu leben –
und nicht zu vergehen wie Tau
und nicht zu verwehen wie Rauch –
ließe nicht dieses wehmütige Gefühl aufkommen,
das in der Unbeständigkeit alles Irdischen liegt.
Doch erst die Wandelbarkeit

macht uns die Schönheit
unserer Welt deutlich!

Mögen auch Ihnen diese Gedanken ein Anstoß sein, Ihr Leben in erfreulichere Bahnen zu lenken.

Anhang

1 Toshimitsu Hasumi, Zen in der japanischen Kunst. München-Planegg 1960.
2 Kazuo Inumaru, Klassische Reiseziele – Die heilige Stadt in Kyoto. Herrsching 1989.
3 Kakuzo Okakura, Das Buch vom Tee. Insel-Verlag, 1957.
4 Toshimitsu Hasumi, Zen in der japanischen Kunst. München-Planegg 1960.
5 Prof. Hideto Kishida, D. Eng, Japanese Architecture. Tokyo 1965.
6 Omote-Senke und Ura-Senke sind die bekanntesten Teeschulen in Japan. Beide gehen auf den Teemeister Sen no (Sōeki) Rikyū zurück, dessen Sohn Shōan nach anfänglichem Verbot doch die Erlaubnis bekam, die Teelehren seines zur Selbsttötung verurteilten Vaters weiterzuführen. Er nannte seine Schule Fushin-an, die später sein Sohn Sōtan übernahm und die heute noch als Omote-Senke (vordere Sen-Schule) bekannt ist. Sōtan übergab 71jährig seinem dritten Sohn Koshin-Sosa, dem Urenkel Rikyūs, die Führung der Fushin-an-Schule und zog selbst etwas weiter nördlich in einen Bezirk, den er Konnichi-an nannte und den er seinem vierten Sohn Senso-Soshitsu vererbte. Konnichi-an wurde zu Ura-Senke, das heißt hintere Sen-Schule. Ein weiterer Bruder dieser beiden Teemeister entwickelte eine eigene Richtung und nannte sie

87

Mushakōji Ryū (kurz Musha-Senke genannt) nach der Straße, in der er wohnte. Daneben entstanden noch andere Schulen, die sich alle etwas voneinander unterscheiden. Zu ihnen gehört auch die Richtung, die Kobori Enshū (1579–1647), der bekannte Gartenarchitekt und Teemeister ins Leben rief und die man als Enshū-Ryū kennt. Aber keine Schule erreichte je die Beliebtheit von Omote-Senke und Ura-Senke, weil diese auf den Ideen des bekanntesten und beliebtesten Teemeisters Sen no Rikyū basieren und noch immer Besucher und Lernwillige anziehen.

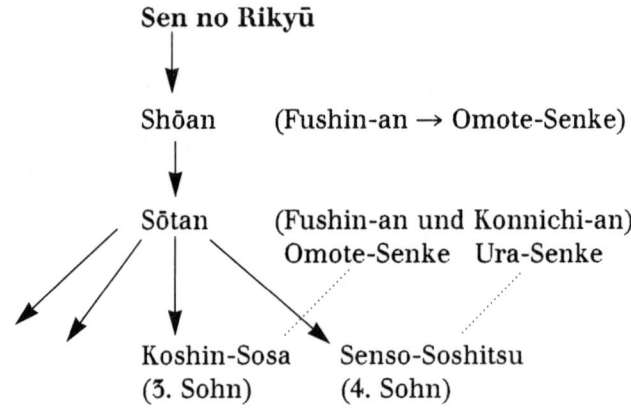

Sen no Rikyū

↓

Shōan   (Fushin-an → Omote-Senke)

↓

Sōtan   (Fushin-an und Konnichi-an)
         Omote-Senke   Ura-Senke

Koshin-Sosa   Senso-Soshitsu
(3. Sohn)   (4. Sohn)

Britt Menrow

Geheimnisvolle Duft-Welt

Begegnungen mit ätherischen Ölen

geb., 120 S.
ISBN 3-8138-0305-8

Im Reich der Düfte

„Rosen auf den Weg gestreut und des Harms vergessen."

Blumen, wie Pflanzen allgemein, erfreuen nicht nur durch ihren Anblick, sondern helfen und heilen. Prominentestes Beispiel dafür ist die Rose – wie hier in der Zeile eines alten Volkslieds zitiert. Der Mythos, mit dem die Rose und ihr Duft seit Jahrhunderten in der Menschheitsgeschichte verankert ist, steht auch am Anfang des Buches „Geheimnisvolle Duft-Welt", das in die Begegnungen mit ätherischen Ölen einführt.

Die Vielfalt und Konzentration dieser Duftstoffe hat aufgrund langjähriger therapeutischer Erfahrungen neben der angenehmen Sinneserfahrung den Effekt, ausgleichend und stabilisierend auf Körper und Geist zu wirken.

Britt Menrow arbeitet seit vielen Jahren als Heilpraktikerin auf dem Gebiet der Verhaltens-Therapie und ist auch als Beraterin in Seminaren mit dem Schwerpunkt Persönlichkeitsentwicklung aktiv.

Bücher aus dem Peter-Erd-Programm finden Sie überall im Buchhandel.
Fordern Sie das kostenlose Gesamtverzeichnis an bei:

Verlag Peter Erd • Gaißacher Straße 18 • 81371 München
Telefon (0 89) 7 25 30 04
Fax (0 89) 7 25 01 41

Taschenbuch, 90 Seiten
ISBN 3-8138-0300-7

Das Prinzip Glück im Märchen entdeckt

Wie ein gewaltiges Drachen-
haupt mit einer Vielzahl zün-
gelnder Köpfe überspült die
Flut der negativen Gedan-
ken unser Leben, und auch
der tapferste Ritter kommt
mit seinem Schwert kaum
dagegen an.

Was alles in deutschen Mär-
chen steckt, hat der Psycho-
therapeut und Dozent Nils
Horn entdeckt. Er hat sie als
umfassendes System der
persönlichen Selbstfindung
und Selbstentwicklung er-
fahren. Kurz, als ideales Me-
dium, um sich auf den Weg
des „Positiven Denkens" zu
begeben.

Ein abwechslungsreicher
geistiger Trimmpfad durch
den deutschen Märchen-
wald, auf dem innere Stim-
me und äußerer Verstand
zum Gleichklang gebracht
werden.

Bücher aus dem Peter-Erd-
Programm finden Sie überall
im Buchhandel.
Fordern Sie das kostenlose
Gesamtverzeichnis an bei:

Verlag Peter Erd • Gaißacher
Straße 18 • 81371 München
Telefon (0 89) 7 25 30 04
Fax (0 89) 7 25 01 41

Paulo Coelho

Der Alchemist
Folge den Träumen

PE

geb. mit Schutzumschlag,
160 S., ISBN 3-8138-0292-2

Vom gleichen Autor:

Paulo Coelho

Die heiligen Geheimnisse eines Magiers
12 Einweihungen auf dem Jakobsweg

PE

Kartoniert 170 S.,
ISBN 3-8138-228-0

‚Der kleine Prinz'
der 90er Jahre!

„Mein Herz fürchtet sich vor dem Leiden", sagt der Jüngling zu dem Alchemisten. „Dann sag ihm, daß die Angst vor dem Leiden schlimmer ist, als das eigentliche Leid. Und daß noch kein Herz gelitten hat, als es sich aufmachte, seine Träume zu erfüllen, denn jeder Augenblick des Suchens ist ein Augenblick der Begegnung"...

Sein unbändiger Drang, die Welt zu bereisen, führt den Bauernjungen und Schafhirten Santiago durch ganz Spanien nach Marokko und Ägypten. Er ist neugierig, möchte viel erfahren und auch viel erobern. Doch unterwegs lernt er seine Lektionen, die in der schicksalhaften Begegnung mit dem Alchemisten im Schatten der Pyramiden gipfeln. Er macht Santiago begreiflich, daß er zunächst einmal sich selbst erobern muß.

Mit dem „Alchemisten" ist dem brasilianischen Erfolgsschriftsteller Paulo Coelho, der in Südamerika gleich hinter Gabriel Carcia Màrquez rangiert, eine wunderschöne Fabel gelungen, die das Zeug zum Kultbuch hat und von der Presse mit „Der kleine Prinz" verglichen wird.

Bücher aus dem Peter-Erd-Programm finden Sie überall im Buchhandel.
Fordern Sie das kostenlose Gesamtverzeichnis an bei:

Verlag Peter Erd • Gaißacher Straße 18 • 81371 München
Telefon (0 89) 7 25 30 04
Fax (0 89) 7 25 01 41

geb., 160 S.
ISBN 3-8138-0301-5

Tara im Tarotland

Wie ihre legendäre Ahne Alice bricht auch das Mädchen Tara zu einem Besuch in ein seltsames Land auf, wo sie auf die plötzlich lebendig gewordenen Symbol-Gestalten des Tarot-Kartenspiels vom Magier bis zu Tod und Teufel trifft.

Doch Tara muß nicht allein gehen; mit Hilfe des Narren Taro, der außerhalb der 21 Trümpfe des Tarot steht, passiert sie ungefährdet Schönheiten und Schrecknisse der einzigartigen Bilderwelt, die symbolisch für die Herausforderungen des Lebens stehen.

Mit ihren mythischen Textsequenzen hat Evelyn Petruzzelli einen ganz neuen Zugang zur Welt des Tarot geschaffen. Spannend und klar erzählt, ohne weitschweifende Erklärungen und Belehrungen.

Bücher aus dem Peter-Erd-Programm finden Sie überall im Buchhandel.
Fordern Sie das kostenlose Gesamtverzeichnis an bei:

Verlag Peter Erd • Gaißacher Straße 18 • 81371 München
Telefon (0 89) 7 25 30 04
Fax (0 89) 7 25 01 41

Brigitte Müller

Energie der
12 Sonnen-Chakra Strahlen

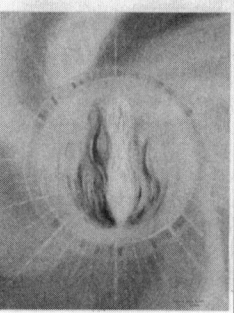

kartoniert, 200 Seiten
ISBN 3-8138-0276-0

Begleitend sind zwei Medi-
tationscassetten erschienen:

„Visualisieren der 12 Son-
nen-Chakra Strahlen"
ISBN 3-8138-0275-2

Die Visualisation auf dieser
Cassette macht mit den 12
Sonnen-Chakra Strahlen
bekannt und dient der Ver-
einigung mit dem göttlichen
Selbst.

„Visualisieren der Violetten
Flamme"
ISBN 3-8138-0278-7

Der 7. Violette Strahl ist der
führende Strahl für das Was-
sermann-Zeitalter. Die Vibra-
tion der Violetten Flamme
durchdringt alle angesammel-
ten negativen Energien und
verwandelt sie in Licht.

Bereits lieferbar:

„Reiki – Heile dich selbst"
kartoniert, 250 Seiten
ISBN 3-8138-0209-4

„Reiki Chakra – Selbstbe-
handlung"
Toncassette
ISBN 3-8138-0213-2

Aufstieg
zu den Ebenen
des Lichts

Brigitte Müller ist Reiki-Mei-
sterin/-Lehrerin. Sie macht
uns in „Energie der 12 Sonnen-Chakra Strahlen" mit
den 12 Universalen Geset-
zen und den Eigenschaften
ihrer Strahlen bekannt. Sie
sagt uns, wie wir mit
Aufnahme dieser Strahlen
die selbstgeschaffene Tren-
nung von Gott wieder aufhe-
ben und während des Was-
sermann-Zeitalters in die
Ebene des Lichts aufsteigen
können.

In praktischen Übungen und
Visualisationen werden die
vier niederen Körper gereinigt. Wir vereinen uns wieder
mit unserer Gottgegenwart
und erlangen wahre Selbst-
Meisterschaft.

Bücher aus dem Peter-Erd-
Programm finden Sie überall
im Buchhandel.
Fordern Sie das kostenlose
Gesamtverzeichnis an bei:

Verlag Peter Erd • Gaißacher
Straße 18 • 81371 München
Telefon (0 89) 7 25 30 04
Fax (0 89) 7 25 01 41

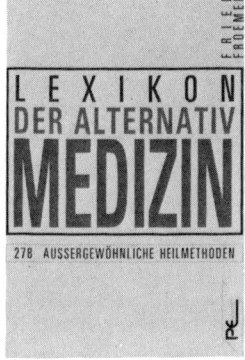

**Bd. 1, ISBN 3-8138-0280-9,
32 S.**

**Bd. 2, ISBN 3-8138-0281-7,
32 S.**

Zwei weitere Bände in gleicher Ausstattung liegen bereits vor:
Bd. 3, ISBN 3-8138-0282-5, 32 S.
Bd. 4, ISBN 3-8138-0283-3, 32 S.
Die Meditations-Edition wird 1994 fortgesetzt.

Hilfe von den Partnern unserer Seele

„Wenn wir uns im Dunkel befinden, wird es uns nicht gelingen, die Dunkelheit mit den Händen oder dem Verstand beiseite zu schieben. Um die Schatten zu vertreiben, müssen wir ein Licht entzünden."

Engel sind machtvolle Wesen, die in der Gegenwart Gottes leben. Wenn wir unser Bewußtsein für sie öffnen, können sie uns helfen, die Sinnzusammenhänge des Lebens besser zu verstehen.

Jeder Engel steht für bestimmte Eigenschaften oder Schlüsselwörter. Sich dem „Engel der Wahrheit" oder dem „Engel des Verzeihens" anvertrauen zu können, erleichtert den Eintritt in ihre Sphäre. Die zum Nachdenken anregenden Texte werden unterstützt durch zauberhafte Farbzeichnungen der Engel, deren stabilisierende Kraft als Partner unserer Seele dadurch noch stärker zum Ausdruck kommt.

Eine ideale und ganz individuelle Geschenkidee.

Bücher aus dem Peter-Erd-Programm finden Sie überall im Buchhandel.
Fordern Sie das kostenlose Gesamtverzeichnis an bei:

Verlag Peter Erd • Gaißacher Straße 18 • 81371 München
Telefon (0 89) 7 25 30 04
Fax (0 89) 7 25 01 41